인종차별과 자본주의

책갈피

이 도서의 국립중앙도서관 출판예정도서목록(CIP)은 서지정보유통지원시스템 홈페이지(http://seoji.nl.go.kr)와 국가자료종합목록 구축시스템(http://kolis-net.nl.go.kr)에서 이용하실 수 있습니다. (CIP제어번호 : CIP2020036512)

인종차별과 자본주의

알렉스 캘리니코스 지음 | 차승일 옮김

Race and Class - Alex Callinicos
Published 1993 by Bookmarks Publications

인종차별과 자본주의

지은이 | 알렉스 캘리니코스
옮긴이 | 차승일

펴낸곳 | 도서출판 책갈피
등록 | 1992년 2월 14일(제2014-000019호)
주소 | 서울 성동구 무학봉15길 12 2층
전화 | 02) 2265-6354
팩스 | 02) 2265-6395
이메일 | bookmarx@naver.com
홈페이지 | http://chaekgalpi.com
페이스북 | http://facebook.com/chaekgalpi
인스타그램 | http://instagram.com/chaekgalpi_books

첫 번째 찍은 날 2020년 9월 8일
세 번째 찍은 날 2023년 10월 13일

값 8,000원
ISBN 978-89-7966-196-5

잘못된 책은 바꿔 드립니다.

차례

일러두기

1. 인명과 지명 등의 외래어는 최대한 외래어 표기법에 맞춰 표기했다.
2. 《 》 부호는 책과 잡지를 나타내고 〈 〉 부호는 신문, 주간지, 텔레비전 프로그램, 시를 나타낸다. 논문은 " "로 나타냈다.
3. 본문에서 [ ]는 옮긴이가 독자의 이해를 돕거나 문맥을 매끄럽게 하려고 덧붙인 것이다. 인용문에서 지은이가 덧붙인 것은 [— 지은이]로 표기했다.
4. 본문의 각주는 옮긴이가 넣은 것이다.

옮긴이 머리말

"숨을 쉴 수 없어요." 2020년 5월 25일 미국에서 한 흑인 남성이 땅바닥에 엎드려 경찰의 무릎에 목이 짓눌린 채로 27번이나 한 말이다. 그의 이름은 조지 플로이드. 플로이드의 호소에도 경찰은 비아냥거릴 뿐이었다. "산소가 많이 소모되니 그만 말해." "말 잘하네." 플로이드는 자신의 죽음을 직감한 듯했다. "엄마, 사랑해요. 내 아이들에게 사랑한다고 전해 주세요. 난 이제 죽을 거예요." 그러고서 의식을 잃었다.

"그 사람 지금 숨 못 쉬어요." 행인들이 외쳤다. 다른 경찰이 플로이드의 상태를 확인했다. "맥박이 안 잡혀." 플로이드를 깔아뭉개고 있던 경찰은 "응?" 한마디했다. 무릎으로 플로이드의 목을 계속 눌렀다. 구급차가 도착할 때까지 그랬다. 플로이드는 병원으로 옮겨졌지만 결국 숨졌다.

멀쩡한 사람의 목숨을 앗아 간 이 사건의 발단은 별일도 아니었다. 경찰은 플로이드가 20달러짜리 위조지폐를 사용한 듯하다는 신고를 받고 출동했다. 경찰은 주차된 차 안에 있던 플로이드를 발견하고 내리라고 했다. 플로이드는 물었다. "죄송한데 저는 아무 짓도 안 했습니다. 제가 뭘 했다고 이러는 겁니까?" 한 경찰이 대뜸 권총을 꺼내 들고 플로이드의 머리를 겨눴다. 플로이드는 총에 맞은 경험이 있다며 총을 쏘지 말라고 했다. 그리고 차에서 내렸다. 경찰은 다짜고짜 플로이드의 손에 수갑을 채우고 경찰차에 태우려 했다. 플로이드는 겁에 잔뜩 질린 표정으로 말했다. "밀실 공포증이 있습니다." 경찰은 막무가내였다. 플로이드는 경찰차에 탔다. 그때 또 다른 경찰차가 도착했다. 새로 도착한 경찰 한 명이 플로이드를 끄집어내서 땅바닥에 패대기치고 위에 올라탔다. 결국 사달이 났다.

1주일에 2명. 미국에서 경찰에게 살해당하는 흑인의 수다. 미국 연방수사국FBI이 발표한 수치다. 그러나 실제로는 더 많을 것이라고 한다.

"흑인 목숨도 소중하다." 수많은 미국인이 거리로 나와 외쳤다. 플로이드의 목숨을 빼앗은 인종차별적 행태를 규탄하는 시위가 미국 전역과 세계 곳곳에서 벌어졌다. 흑인만 거리에 나온 것이 아니었다. 이 운동의 두드러진 특징 하나는 다인종적이라는 점이었다.

격렬해진 시위대는 인종차별과 관련된 인물의 동상을 철거했다. 미국에서는 조지 워싱턴과 토머스 제퍼슨 같은 '미국 건국의 아버지'의 동상이 쓰러졌다. 영국 시위대는 17세기 노예무역상 에드워드 콜스턴의 동상을 강물에 던져 버렸다. 미국 대통령 도널드 트럼프와 영국 총리 보리스 존슨 등 지배자들은 기겁했다. 트럼프는 "문화유산 파괴"라고 시위대를 비난했다. 그런데 그들을 미화하고 떠받들어 모시는 동상과 기념물 따위가 진정한 문화유산일까? 옮긴이는 시위대에게 동질감을 느꼈다. 옮긴이가 나온 대학의 설립자는 친일파였다. 선후배들은 학교 중앙에 떡하니 서 있는 그의 동상을 언젠간 끌어내리겠노라고 했다. 우리가 아직 이루지 못한 일을 외국의 그들은 해냈다.

플로이드 사망 규탄 시위는 수개월 동안 이어졌다. 얼마 전 트럼프는 포틀랜드라는 지역에 군대를 투입해 시위를 진압하려 했다. 그러나 포틀랜드를 본보기로 삼으려던 트럼프의 시도는 실패했다. 군대가 철수한 뒤로도 포틀랜드 투쟁은 계속돼, 경찰 예산 대폭 삭감 약속을 받아 내는 등 성과도 거뒀다. 지배자들의 간담을 서늘케 할 아래로부터의 대중운동이 진보의 진정한 동력이다.

"흑인 목숨도 소중하다" 구호는 2013년에 등장했다. 트레이번 마틴이라는 이름의 10대 흑인 청소년이 총에 맞아 죽은 일이 계기였다. 마틴에게 총을 쏜 사람은 백인인 조지 짐머먼이었다. 편의점에서 주전부리를 사서 귀가하던 마틴이 수상쩍다며 따라가서 몸싸움을 벌이다 총을 쐈다. 짐머먼이 마틴을 수상하게 여긴 이유는 흑인이 후드티를 입고 있다는 것뿐이었다. 경찰은 짐머먼을 체포하지 않았다. 분노한 운동이 터져 나왔고 결국 짐머먼은 재판을 받았다. 그러나 무죄 선고를 받았다. 짐머먼이 "생명의 위협을 느껴" 정당방위로 총을 쐈다는 것이었다. 이 평결을 내린 배심원은

총 6명. 백인이 5명, 라틴아메리카계가 1명이었다.

그때는 미국 역사 최초의 흑인 대통령, 버락 오바마의 재임 기간이었다. 오바마가 대통령에 당선한 2008년 11월에 옮긴이는 카투사로 미군 부대에서 군 복무를 하고 있었다. 오바마가 당선한 날 저녁 흑인 미군들은 파티를 열었다. 그 얼굴들에는 기대감이 묻어났다. 그러나 오바마는 흑인들의 기대를 충족시키지 않았다. 마틴 살해 사건에 대해서는 비극이라면서도 재판부를 존중하자고 했다. 세계 최강대국의 수장으로 어디를 가도 대접받던 오바마, 후드티를 입었다는 이유만으로 총에 맞아 숨진 마틴. 둘의 처지는 그렇게 극명하게 대비됐다. 흑인 목숨도 귀히 여기라는 운동이 흑인 대통령 재임 기간에 시작했다는 사실도 의미심장하다.

흑인은 아직도 목숨을 걱정해야 하는 처지다(플로이드가 사망한 지 석 달밖에 안 된 8월 23일에도 위스콘신주 커노샤에서 비무장 흑인 남성 제이컵 블레이크가 세 아들이 지켜보는 앞에서 경찰에게 총을 7발이나 맞았다). 그만큼 인종차별은 여전히 심각하다.

그래도 낙담할 일은 아니다. "수백 년 동안 졌다고 해서 시작하기도 전에 이기려는 노력도 하지 말아야 할 까닭은 없다." 1960년에 출간된 세계적 베스트셀러 소설 《앵무새 죽이기》에 등장하는 말이다.

중요한 것은 어떻게 하면 인종차별을 종식시킬 수 있을지 방법을 모색하는 것이다. 그러려면 그동안 벌어진 운동의 성과와 한계가 무엇인지 알아야 한다. 인종차별의 근원이 무엇이고 어떻게 뿌리 뽑을 수 있을지 고민해야 한다.

현재 런던대학교 킹스칼리지 유럽학 교수이자 영국 사회주의노동자당SWP의 중앙위원장인 알렉스 캘리니코스가 쓴 이 책은 바로 그런 고민의 산물이다. 인종차별을 둘러싼 여러 논의와 투쟁 경험을 담았다.

이 책은 1993년에 출판된 《인종과 계급Race and Class》을 우리말로 번역한 것이다. 캘리니코스가 머리말에 밝혔듯이, 이 책의 원서는 사회주의노동자당의 계간지 《인터내셔널 소셜리즘》 55호(1992년 여름)에 실린 동명의 논문(국역: "인종과 계급", 《현대자본주의와 민족문제》, 갈무리, 1994)을 대폭 수정하고 확대한 것이다. 한 장章의 제목이 바뀌고 내용이 수정됐고, 3개의 장이 추가됐다. "7장 흑인 공동체와 계급", "8장 1992년 로스앤젤레스: 인종 폭동이 아니라 계급 반란", "10장 사회주의 혁명과 흑인 해방"이 그것이다. 이 중 1992년 로스앤젤레스 반란을 다룬 8장은 우리나라 독자에게 특히 흥미로울 듯하다. 당시 우리나라 언론에는 한인 상점 약탈과 그에 맞선 한인 상인들의 자위 활동이 주로 보도됐다. 그래서 시위대의 폭력성만이 부각됐다. 그러나 캘리니코스는 저명한 미국인 마르크스주의자 마이크 데이비스 등이 쓴 글들을 참고해서 반란의 배경, 반란의 다인종적 성격, 로스앤젤레스 사회구조에서 한인 상인들이 차지한 지위, 반란의 강점과 약점 등을 분석하고 설명한다. 각 장이 짧게 짧게 쓰였으니, 여기서 각 장의 내용을 요약·소개하기보다는 독자들이 직접 읽는 편이 낫겠다.

바로 앞에서 말했듯이, 이 책의 원서는 1990년대 초에 나왔다. 그러나 이것이 단점으로 다가오지는 않는다. 현재 읽기에도 아무 손색이 없다. 오히려 장점 두 가지가 눈에 더 들어온다. 첫째, 이 책은 간명하고 날카롭게 쓰였다. 그래서 인종차별을 둘러싼 여러 주장의 공통점과 차이점, 장점과 단점을 한눈에 척 알 수 있다. 특히 '흑인 민족주의black nationalism'와 마르크스주의의 비교·대조가 흥미롭다. 요즘 대두되고 있는 문화적·종교적 인종차별에 관한 논의도 담고 있다.

둘째, 이 책은 세간에 퍼진 마르크스주의에 대한 편견을 잘 반박한다. 마르크스주의는 계급 환원론이어서 차별에 둔감하고 차별을 종식시킬 방법을 내놓을 수 없다는 편견 말이다. 여기서 이 문제를 깊이 다루는 것은 옮긴이의 능력으로는 감당이 안 되는 일이다. 무엇보다 지은이에 대한 월권일 듯하다. 독자의 독서 즐거움을 빼앗는 일일 듯도 하다. 그래도 한 가지만 보태겠다. '환원reduction'이라는 말은 축소한다는 뜻이다. 그러나 마르크스주의는 차별을 더 넓은 자본주의 사회구조와 연결해 이해하려 한다. 다른 투쟁들, 특히 자본주의 자체를 변혁할 혁명 운동과 차별 반대 운동의 연결을 고민한다. 그러니 '환원론'이라는 딱지는 심히 부적절하다.

아무튼, 이 책은 인종차별을 주로 다루지만, 차별

일반을 바라보는 마르크스주의의 관점을 바탕에 깔고 있다. 그런 만큼 다른 차별 쟁점을 이해할 때도 써먹을 수 있는 통찰과 설명이 많다. 이 책을 읽고 나서 책갈피 출판사가 펴낸 《계급, 소외, 차별: 마르크스주의는 계급, 소외, 여성·성소수자·인종 차별을 어떻게 설명하는가?》(제프리 디스티 크로익스 외 지음, 2017)를 읽는다면 도움이 될 것이다.

요즘 출판 시장은 가벼운 에세이가 확고한 대세다. 이 작고 얇은 책이 많은 내용과 통찰을 담고 있다는 것은 학계의 말로 글의 "밀도가 높다"는 뜻이다. 즉, '트렌드'에 맞는 책은 아니다. 그러나 그만큼 이 책은 속이 꽉 찬 "가성비" 좋은 책이다. 글의 밀도가 높을 뿐이지, 현학적이거나 뜬구름 잡는 소리를 하는 어려운 책이 아니다. 휘리릭 읽지는 못하더라도 꼭꼭 씹으면 충분히 소화할 수 있는 책이다.

마지막으로 몇 분에게 감사의 인사를 전한다. 〈노동자 연대〉의 김준효 기자는 이 책을 번역하자고 제안했다. 좋은 책을 번역할 기회를 준 것에 감사하다. 책갈피 출판사 김태훈 대표와 직원들은 부족함이 많았을 번역문을 꼼꼼히 교정·교열하고 번듯한 책으로 만드느라 고생했을 것이다. 쉽지 않은 처지에도 묵묵히 애쓰는 그들을 응원한다. 당연히 그들의 노력에도 번역에 오류가 있다면 그것은 모두 옮긴이 책임이다.

조지 플로이드의 죽음을 먼 나라 얘기로만 여기지 않고 함께 분노한 독자들, 격렬하게 벌어진 규탄 운동에 동질감을 느낀 독자들, 그 운동을 응원한 독자들, 온갖 차별에 맞서려는 독자들에게 이 책이 도움이 되길 바란다. 그러면 옮긴이로서는 더 바랄 것이 없겠다.

머리말

이 책은 계간지 《인터내셔널 소셜리즘》에 실렸던 논문을 대폭 수정하고 증보한 것이다. 이 책을 쓰는 데 도움을 준 덩컨 블래키, 린지 저먼, 크리스 하먼, 게리 맥팔레인, 케빈 오븐든, 존 리즈, 아메드 쇼키, 줄리 워터슨에게 감사하다.

인종차별이 일상 언어에도 갖가지 방식으로 스며들어 있기 때문에 인종을 다룰 때는 용어 사용에 주의해야 한다. 그래서 나는 이 책에서 '흑인'이라는 단어를 피부색 때문에 차별을 겪는 사람들을 모두 지칭하는 말로 썼다. 1960년대 '블랙파워' 운동이 명확하게 규정했듯이, '검다'는 것은 생물학적이거나 문화적인 개념이 아니라 정치적 개념이다. 그렇지만 '흑인'이라는 단어는 나라마다 쓰임새가 다르다. 미국에서는 아프리카계 미국인만을 지칭하는 반면, 영국에서는 아프리카계뿐 아니라 아프리카계 카리브해인과 [남]아시아인도 지칭한다. 어쨌든 흑인이 겪는 곤경에 대해 이 책이 제시하는 분석은 인종적으로 차별받는 다른 집단, 예컨대 미국의 라틴아메리카계, 프랑스의 아랍계, 독일의 터키계에도 적용될 수 있다.

1장
서론

인종차별은 여전히 선진 자본주의 사회들의 주요 특징 중 하나다. 인종차별은 체계적 차별 속에 깊이 뿌리내리고 있어서, 흑인들은 일자리·주거·교육 면에서 차별을 당하고 경찰과 출입국 관리 당국에게 괴롭힘을 당한다. 흑인은 인종차별적 폭력의 희생자이기도 하다. 최근 몇 년 동안에만도 런던 남동부에서 롤런 애덤스, 로히트 더걸, 스티븐 로런스가 살해되고 뉴욕에서 마이클 그리피스와 유서프 호킨스가 살해된 것이 증언하듯이 말이다.

1989년에 동유럽 혁명이 일어난 뒤로 유럽 정치에서는 인종차별이 부활해 성장하는 충격적 변화가 일어났다. 주류 정치권 안팎에서 모두 그랬다. 비주류 정치권에서는 파시스트 정당과 인종차별적 정당이 성장해 선거에서 상당히 전진했다(특히 프랑스·독일·벨기에에서 그랬다). 주류 정치권에서는 유럽의 여러 정부가 이민을 전보다 더 강하게 규제하려 애썼는데, 그 중에서도 난민 유입 규제 강화가 가장 중요했다. 유럽 공동체[유럽연합의 전신]의 통합 정도가 강해질수록(부르주아 정치인들과 심지어는 여러 사회주의자들도 그것을 지향한다), 유럽은 '요새화된 유럽'이 될 것이다. 즉, 유럽의 문은 빈곤한 제3세계(옛 스탈린 체제 국가가 대부분 제3세계 대열에 합류하고 있다) 대중에게 더 굳게 닫힐 것이다.

지구 상에서 가장 강력한 자본주의 나라인 미국에 관해서는 [정치학자] 앤드루 해커가 최근에 연구 결과를 발표하며 다음과 같이 주장했다.

> 미국의 흑인은 미국에서 나고 자란 미국인이지만, 아직도 이방인 취급을 받으며 근근이 살아간다. 주류에 속하지 않는 다른 집단(예컨대 일부 종교인)도 있지만, 그들은 자발적으로 그런다. 그와 달리 흑인들은 전혀 바

라지 않는데도 격리를 감내해야 한다. 그래서 미국은 두 나라로 쪼개져 있는 듯하다. 물론 미국에는 여러 인종이 섞여 사는 곳도 있다. 그러나 대부분의 중요한 측면들에서 [인종 간] 분리는 삶의 곳곳에 스며들어 있다. 인간적·사회적 분단인 인종 간 분리는 심지어 성별 같은 다른 모든 분단보다 강하고 심하다.[1]

1992년 4월에 일어난 로스앤젤레스 반란(샌프란시스코·라스베이거스·애틀랜타 등 미국의 여러 도시에서 동조 시위가 벌어졌다)은 인종과 계급이 한데 모여 미국의 사회구조를 송두리째 뒤흔들 잠재력이 있음을 보여 줬다.

부유한 자본주의적 민주주의 나라에 인종차별이 깊이 뿌리내리고 있다는 엄연한 사실을 보면, 인종차별에 맞서서, 가능하면 인종차별을 철폐하기 위해 행동할 필요가 있음을 알 수 있다. 인종차별에 맞서는 전략은 그 무엇이든 인종차별의 본질과 원인에 대한 특정 분석을 토대로 하기 마련이다. 자유주의 전통의 관점은 여전히 영향력이 강한데, 인종차별을 주로 태도의 문제, 즉 백인이 흑인에 대한 편견에 사로잡히는 문제로 다룬다. 그렇다면 해결책은 백인이 편견에서 벗어나도록 교육하는 것이 된다. 1970년대 미국에서 유행하고 1980년대 영국에서 여러 노동당 지방정부가 채택한 '인종차별 감수성 훈련'에 그런 처방이 녹아 있다.[2] 이와 동시에, 흑인 소수자를 서구 '수용'국 사회에 동화시킨다는 자유주의의 오래된 목표는 다문화주의로 바뀌는 추세였다. 다문화주의는 사회를 여러 집단이 서로 섞일 수 없는 각자의 문화를 지키며 모여 사는 공간으로 봤다. 다문화주의는 이제 여러 집단이 저마다의 문화를 서로 이해하는 것을 바탕으로 사회를 다원주의적으로 재편하는 것을 목표로 했다. 특히 다수자인 백인이 비유럽적 전통의 가치를 이해하는 것을 중요하게 여겼다.[3]

이와 달리, 더 급진적인 인종차별 반대 관점은 인종차별을 사람들의 머릿속에 있는 의식의 문제로 보지 않는다. 착취적 사회구조에서 생겨나서 권력과 삶의 기회 면에서 체계적 불평등을 만들어 내는 차별이자 천대의 문제로 본다. 그러므로 해결책은 정치적 투쟁에 놓여 있다. 그런 투쟁 속에서 흑인은 차별에서 해방될 것이다. 그렇지만 급진파 진영 안에도 분석과 전략 면에서 매우 중요한 차이가 있다. '흑인 민족주의'는 인종차별의 기원·구조·동역학이 자본주의적 생산양식과 관련은 있으나 그것으로 환원되지는 않는다고 본다. 흑인 민족주의의 결론인즉, 흑인 해방은 오로지 백인 인종차별 반대자와도 별개로 조직된 흑인들 자신만이 성취할 수 있다는 것이다. 이와 달리 혁명적 마르크스주의는 인종차별은 자본주의의 산물이고 노동계급을 분열시켜서 자본주의 사회체제의 존속에 복무한다고 본다. 그러므로 인종차별은 단결한 노동계급이, 즉 공동의 착취자에 맞서 한데 뭉친 흑인·백인 노동계급이 일으키는 사회주의 혁명으로만 철폐할 수 있다고 본다.[4]

2장
마르크스주의는 유럽 중심적 전통인가?

마르크스주의와 흑인 민족주의의 차이가 늘 그렇게 극명하게 대비돼서 나타나는 것은 아니다. 여러 흑인 급진파가 모종의 마르크스주의(대개 스탈린주의와 서구 강단 마르크스주의의 혼합 버전)에 영향을 받았다. 그런 흑인 급진파는 노예무역과 제국주의에 대한 마르크스주의적 분석에 기대서 현재의 인종차별이 자본주의에 경제적으로 이득이라고 주장한다. 어떨 때는 마르크스주의적 주장과 매우 흡사하다.[5]

그렇지만 마르크스주의와 흑인 민족주의가 겹치는 부분은 확실히 제한적이다. 흑인 민족주의 지식인들은 흔히 마르크스주의를 유럽 중심적 전통으로 본다. 마르크스주의는 유럽 문화에 깊이 뿌리내린 사고 체계여서, 제3세계에서든 선진 자본주의 나라에서든 차별받는 흑인 대중이 겪는 곤경을 자기 일로 받아들이지 못하며 흑인 대중의 염원을 잘 표현하지 못한다는 것이다.

그로 말미암아 마르크스주의와 흑인 민족주의 사이에는 상당한 의견 충돌이 있다. 런던에 있는 인종관계연구소와 가까운 사이인 미국인 학자 세드릭 로빈슨은 그 의견 충돌을 매우 체계적으로 연구해서 《흑인 마르크스주의》라는 책을 냈다. 마르크스주의는 그 개념들을 배열하는 방법 자체에서 유럽 중심적 이데올로기라는 것이 로빈슨의 기본 논지다.

> 기초 면에서, 즉 인식론적 토대 면에서 마르크스주의는 서구의 구조물이다. 유럽 사람들의 역사적 경험에서 탄생해서 유럽의 문명, 유럽의 사회질서, 유럽의 문화라는 매개물을 차례차례 거치며 인간사와 역사적 사태 전개에 관한 사상을 구축했다는 뜻이다.

로빈슨은 마르크스주의가 그 기원뿐 아니라 "분석

에 쓰는 추정, 역사를 보는 눈, 관점" 면에서도 유럽적이라고 주장한다. 그렇기 때문에 마르크스주의는 "서구 문명"에서 "되풀이해 나타나는 사상"인 인종차별을, 특히 "어떻게 인종차별이 자본주의에서 생겨난 사회구조에 스며들고야 마는지"를 설명하지 못했다는 것이다. 그래서 20세기의 흑인 급진파 지식인들(로빈슨은 W E B 듀보이스, C L R 제임스, 리처드 라이트 3명이 밟은 궤적을 추적한다)은 마르크스주의에서 벗어나서 더 오래된 전통을 재발견하려 애썼다고 한다. 그들이 보기에 "자본주의 사회"를 철저히 부정하는 것은 "유럽의 프롤레타리아와 그 동맹자"가 아니라 "차별에 맞서서 끈질기게 일어나며 계속해서 진화하는 아프리카인들의 저항"이라는 것이다.[6]

문제는 로빈슨이 마르크스주의와 대립시키는 흑인 급진파 전통이라는 개념이 환상과 다름없다는 것이다. 로빈슨은 다음과 같이 주장한다. "정치적 공간과 역사적 시간의 차이는 이제 사라졌다. 그래서 집단적 흑인 정체성이 형성돼 민족주의로 번지고 있다. '아프리카계 디아스포라'[아프리카에서 노예로 끌려온 사람들의 후손]의 마음속에는 인종차별적 자본주의가 강요하는 궁핍에 반대하는 단 하나의 역사적 정체성이 있다." 로빈슨은 아프리카에서 일어났든 신세계[아메리카 대륙]에서 일어났든 흑인들이 차별에 맞서 벌인 투쟁은 모두 하나의 정체성이 형성되는 데 기여했다고 말하는 듯하다. 그러나 이 정체성의 성격을 설명하는 부분에 가서 로빈슨은 극도로 모호해진다. 예를 들어, 로빈슨은 흑인 급진파 전통의 "주안점은 마음의 짜임새였다"고 말한다(무슨 말인지 이해할 수 없지만 말이다).[7] 여러 투쟁 형태의 실질적 차이들이 모두 "정체성"이라는 모호하고 추상적인 한 단어로 뭉뚱그려진다. 그 투쟁들은 다음과 같다. 신세계 노예 식민지 귀퉁이에 살던 마룬의* 생존 노력, 아이티 혁명 등 노예 봉기, 유럽의 식민지 팽창에 맞선 아프리카 나라들의 저항, 1960년대 미국 도시에서 벌어진 위대한 흑인 항쟁, 현재 [남

* 마룬(Maroon) 1600년대 후반 카리브해 연안국 플랜테이션 농장에서 탈출한 흑인 노예를 지칭하는 말. 마룬은 백인 노예주에게 잡히지 않으려고 외부와 단절된 오지에서 마을을 이루고 살았다.

아프리카공화국에서] 벌어지고 있는 인종격리정책apartheid 철폐 투쟁, 게다가 흑인들 사이에서도 실제로 일어나는 충돌(예를 들어, 남아공에서 벌어지는 아프리카민족회의ANC 지지자와 잉카타자유당* 지지자 사이의 충돌) 등.

그럼에도 로빈슨과 그 동료들이 제기한 문제는 남아 있다. 마르크스·엥겔스·레닌·트로츠키로 이어지는 고전 마르크스주의 전통은 흑인 해방을 위한 효과적 전략의 기초를 놓을 분석을 제시할 수 있을까? 이 작은 책은 이 도전 과제를 수행하려는 노력이다.

나는 인종차별이 현대적 현상임을 보여 주려 애쓸 것이다. 인종차별은 오래된 인간 본성이라는 주장이 흔한데, 이는 인종차별을 없앨 수 없다고 넌지시 말하는 셈이다. 그러나 그렇지 않다. 오늘날 우리가 인종차별로 인식하는 현상은 신세계의 대규모 플랜테이션 농장에서 아프리카인 노예노동을 체계적으로 사용한

---

* 잉카타자유당 남아프리카공화국의 한 흑인 부족인 줄루족을 주요 기반으로 하는 우파 정당.

일을 정당화하기 위해 17~18세기에 처음 개발된 것이다. 그리고 신세계 플랜테이션 농장의 노예 사용은 자본주의가 세계 체제로 처음 등장하는 데서 중심 구실을 했다. 그러니까 인종차별은 자본주의가 사회적·경제적으로 유력한 체제가 되는 과정의 일부로 만들어진 것이다. 그 뒤 인종차별의 궤적은 자본주의의 궤적과 딱 맞붙어 있었다.

그러므로 오늘날 인종차별은 일자리 시장에서 치열하게 경쟁하는 노동자 집단들 사이에 조성된 분열에서 발생한다. 이런 경쟁은 노동력을 끊임없이 빨아들이는 자본의 한없는 식욕 탓에 때때로 세계 여러 지역의 사람들이 한 나라로 모이면서 더 심해진다. 그래서 인종차별은 노동자들이 서로 반목하게 하고 (피부색과 국적을 가리지 않고 모든 노동자를 착취하는) 사용자에 맞서 효과적으로 투쟁하지 못하게 막는 기능을 한다.

이런 분석에서 아주 중요한 정치적 결론 두 가지를 이끌어 낼 수 있다. 첫째, 인종차별이 작동하면 흑인이든 백인이든 노동자 전체의 이익이 훼손된다는 것이다. 노동계급이 분열해 있으면, 인종차별을 직접 당하지 않는 노동자도 손해를 본다. 그러므로 인종차별에 맞서는 전략은 백인 노동자가 인종차별을 당하는 흑인 노동자의 이해관계를 자기 이해관계로 여기도록 설득하는 것을 중심 요소로 삼아야 한다. 이런 관점으로 보면, 흑인 민족주의는 백인 노동계급을 도저히 구제할 수 없는 인종차별적 무리로 일축하기 때문에 틀렸다. 둘째, 인종차별 반대 투쟁은 자본주의 자체에 반대하는 더 넓은 전투의 일부로서 차별받는 사람들의 해방을 지향해야 한다. 인종차별은 자본주의와 함께 자라났고 자본주의를 유지하는 데 일조하고 있다. 그러므로 인종차별을 철폐하려면, 인종차별과 밀접하게 얽혀 있는 물질적 구조를 파괴할 사회주의 혁명이 절대로 필요하다.

이 책이 제시하는 인종차별 분석은 계급을 출발점으로 삼는 분석이다. 인종차별은 자본가계급의 지배를 뒷받침하고 있고, 단결한 노동계급만이 인종차별을 타도할 수 있다는 뜻이다. 이런 분석에 반대하는 의견이 많다. 백인 노동자가 인종차별에서 득을 보지 않는다는 주장은 확실히 상식에 어긋나잖아? 흑인 대다수는 백인이 득세하는 노동의 세계에서 배제된 채로 사회 최하층 계급을 이루고 있잖아? 사회주의 혁명이 일어나도 인종차별은 남아 있지 않을까? 뒤에서 이런 질문들을 다룰 것이다. 그렇지만 나는 그 모든 질문에 확정적인 답을 내놓으려 하기보다는, 마르크스주의가 인종차별을 이해하고 그에 맞서 싸우는 데서 최상의 수단을 제공한다는 것을 보여 주려 애쓸 것이다.

3장
인종차별은 어디서 생기는가?

인종차별은 역사적으로 독특한 현대 자본주의 사회의 특징이다. 이 진술이 마르크스주의적 인종차별 분석의 핵심인데, 많은 흑인 민족주의자들은 이에 반대한다. 예를 들어, 세드릭 로빈슨은 인종차별은 자본주의적 현상이 아니라 유럽에 국한된 유별난 현상이라고 주장한다. "인종차별은 중세 봉건제와 자본주의의 사회구조, 소유 형태, 생산양식뿐 아니라 이 시기 사람들의 의식의 전통과 가치에도 스며들어 있었는데, 이들은 그것을 통해 자신의 세계와 경험을 이해했다."[8] 이와 비슷하게, 미국의 흑인 학자 매닝 매러블도 다음과 같이 주장한다. "인종차별과 가부장제는 둘 다 사회적·이데올로기적 기원 면에서 자본주의 이전의 현상이다."[9] 이런 주장은 자본주의를 타도한 뒤에도 인종차별이 남아 있을 테고, 그러므로 인종차별을 뿌리 뽑으려면 [백인은 참여하지 않는] 분리된 흑인 운동이 필요하다는 것을 암시한다.

이런 관점이 왜 틀렸는지 이해하려면 우선 인종차별의 본질이 무엇인지 면밀하게 생각해 봐야 한다. 인종차별은 한 인간 집단이 타고난 속성을 이유로 차별받는 곳에 존재한다. 인종차별은 흔히 차별하는 집단과 차별받는 집단의 피부색 차이와 관련 있지만, 피부색 차이가 인종차별의 필요조건인 것은 결코 아니다. 아일랜드인은 특히 19세기 영국에서 인종차별을 당했다. 영국 '토박이'와 똑같이 백인인데도 말이다. 현대의 유대인 혐오도 피부색 차이와 관계없는 인종차별의 사례다. 어떤 면에서 피부색 차이는 인종차별이 존재하는 충분조건조차 되지 못한다. 아프리카인에 대한 서구의 오래된 고정관념으로는 열등한 지능, 게으름, 과도한 성행위 등이 있는데, 피부색 차이는 그런 여러 속성의 묶음 중 하나다. 그런 고정관념 묶음은 차별받는 사람들에게 덧씌워져서 그 차별을 정당화하는 데 기여한다. 고정관념 묶음은 차별하는 사람과 차별받는 사람 사이의 차이들을 나름 체계적으로 정리해 모은 것이고 눈에 보이는 신체적 차이는 그 일부다. 이 고정관념 묶음이 신체적 차이 자체보다 중요하다.

고전적 인종차별 이데올로기가 인간 집단들 사이의 신체적 차이로 여겨지는 것을 강조하는 경향이 있어서 헷갈리기 쉽다. 가장 이론적으로 분명하게 표현된 형태의 인종차별 이데올로기는 [영국의 사회주의 언론인] 피터 프라이어가 "과학을 사칭하는 인종적 거짓 믿음"이라고 부른 것인데, 1840년대부터 1940년대까지 영국에서(그리고 사실 다른 선진 자본주의 세계에서도) 번성했다. 이 이데올로기는 인간이 각자 독특한 생물학적 특징에 근거해 여러 인종으로 구분되고, 서구 제국주의가 세계를 지배하게 된 것은 자연선택 과정에서 백인종이 나머지 인종보다 선천적으로 우월함을 반영하는 것이라고 주장했다.[10]

그러나 인종이 생물학적으로 구분된다는 주장은 과학적 근거가 전혀 없다.

유전자의 형태가 달라지는 빈도를 실제로 측정할 수 있고 그래서 유전변이를 객관적으로 추산할 수 있는 영역에서는, 효소 등 단백질로 알려진 인간의 모든 유전변이 중 85퍼센트가 같은 지역이나 같은 부족이나 같은 나라 사람 내의 개인들 사이에 나타난다. 8퍼센트는 같은 '인종'에 속하지만 부족이나 나라가 다른 사람들 사이에 나타난다. 나머지 7퍼센트는 '인종'들 사이에 나타난다. 어느 스페인 사람과 다른 스페인 사람 사이 또는 어느 마사이족 사람과 다른 마사이족 사람 사이의 유전변이가 인간 유전변이 전체의 85퍼센트를 차지하는 반면, 인간 집단들 사이의 유전변이는 단지 15퍼센트일 뿐이라는 뜻이다. … 인종을 구분하는 범주를 정당화하려면 생물학이 아닌 다른 분야에서 근거를 가져와야 한다. 인간의 진화와 역사에서 주목할 특징은 개인들 사이의 유전변이에 견줘 지역 간 [유전적] 다양성의 정도가 매우 작다는 것이다.[11]

인종 간 차이라는 것은 날조된 것이다. 즉, 그 관념은 역사적으로 특수한 차별 관계의 일부로 생겨나서 그 관계의 존속을 정당화한다. 그렇다면 차별의 한 형태인 인종차별이 역사적으로 유별난 점은 과연 무엇일까? 우선 차별을 정당화하는 속성들이 차별받는 집단의 선천적 속성이라는 점이다. 흑인이 자기 피부색을 바꿀 수 없듯이, 인종차별을 당하는 사람들은 자기 자신을 바꿀 수 없으므로 차별을 피할 수 없다. 이 특징은 인종에 따른 차별과 종교에 따른 차별의 중요한 차이를 보여 준다. 종교를 이유로 박해당하는 사람은 신앙을 바꿀 수 있기 때문이다.

이처럼 하위 '인종'에 속하는 사람은 인종에 따른 차별에서 벗어날 구멍이 없다. 이제 이런 형태의 차별은 자본주의 사회의 특징이 됐다. 이 인종차별은 자본주의 이전 사회에 널리 퍼져 있던 이방인에 대한 편견과 구분해야 한다. 산업자본주의가 출현하기 이전의 사람들은 대체로 작은 농촌 마을에 사는 소작농이었다. 통신수단이 형편없었기 때문에, 자기 마을을 벗어난 외부와의 접촉은 매우 드물었다. 그 결과, 농민 공동체 안에서의 삶은 누구 집 숟가락이 몇 개인지 알 정도로 조밀했고, 사람들은 때로는 숨이 막힐 지경으로 서로 관여했다. 그리고 이방인에 대해서는 무척 무지했고 의심하는 태도를 보였다. 사회학자 지그문트 바우만이 "헤테로포비아(타인에 대한 증오)"라고 부른 것은 현대의 인종차별과 같지 않다. "이성을 근거로 인간사를 재조직함으로써 인간의 조건을 향상시킬 전례 없는 능력을 뽐내게 된 세계에서 인종차별은 특정 부류의 인간은 아무리 애를 써도 이성적 질서에 속하지 못한다는 강한 믿음을 표출한다."[12]

자본주의 이전 유럽에 존재한 노예사회와 봉건사회의 두드러진 특징은 로빈슨과 매러블의 주장과는 반대로 특정 집단을 선천적 열등함을 이유로 배척하고 천대하는 이데올로기와 관행이 없었다는 점이다. 고전기 그리스와 고대 로마의 노예사회에서는 지배계급이 잉여생산물을 얻으려고 노예를 대규모로 소유하고 재산처럼 취급한 것을 정당화하는 데서 인종차별에 기대지는 않았던 것으로 보인다. 미국의 흑인 역사학자 프랭크 M 스노든 주니어는 다음과 같이 썼다. "그리스인과 로마인 사이에서는 [흑인과 백인의 — 지은이] 사회적 교류가 나중에 서구 사회에서 나타난 피부색 관련

편견을 일으키지 않았다. 그리스인과 로마인은 백인이 우월하다는 이론이 없었다."[13] 고대사회에 피부색을 이유로 한 인종차별이 없었다는 것을 가장 잘 보여주는 사례는 서기 193~211년에 로마 황제를 지낸 셉티미우스 세베루스다. 세베루스는 흑인이었음이 거의 확실하다. 로마 사회 통치에서 나타난 주요 특징 하나는 지방의 유력가들을 제국 지배계급의 문화(그리스 전통과 로마 전통을 융합한 문화)로 통합하려 애썼다는 점이다.

이와 관련한 또 다른 사례는 마틴 버널의 유명한 책 《검은 아테나Black Athena》[일부 국역: 《블랙 아테나 1, 2》, 소나무, 각각 2006, 2012]다. 이 책은 흑인 급진파에게 어마어마한 영향을 끼쳤다. 고전기 그리스는 유럽 문명의 기원으로 여겨지며 서구 문화에서 여전히 신성한 지위를 누리는데, 버널은 그런 그리스가 [당시에] 더 발전해 있던 아프리카와 아시아의 파생물이었음을 보여주려 애썼기 때문이다. 버널의 역사적 명제가 옳다고 입증된다면 서구의 인종차별은 큰 타격을 입을 것이 확실했다. 그렇지만 그 명제를 입증하기는 쉽지 않은

데, 여기서 자세히 다룰 필요는 없다.[14] 지금 논의하는 주제와 더 관련성이 깊은 사실이 있다. 버널은 자신이 [고대 그리스 역사를 파악하는] "고대 모델"이라는 것을 되살리고 있다고 한다. 이 고대 모델에 따르면, 그리스 문화는 이집트와 페니키아(현재 시리아와 레바논의 해안 지역에 있던 문명)의 식민 지배를 받은 결과물이다. 버널은 고대 모델 이론은 18세기 말에 인종차별이 발흥한 결과로 밀려났을 뿐이라고 주장한다.

> 18~19세기 낭만주의자와 인종주의자는 유럽의 완벽한 본보기이자 순수한 유년기로 여겨지는 그리스가 유럽인 원주민과 아프리카인·셈족 식민지 개척자의 혼합물에서 생겨났다는 사실을 그냥 두고 볼 수 없었다. 고대 모델을 쓰러뜨려서 더 마음에 드는 것으로 교체해야 했다.[15]

버널이 거듭거듭 주장하듯이, "'고대 모델'은 고전기와 헬레니즘 시대 그리스인 사이에 널리 퍼진 견해였다."[16] 그것을 가장 잘 보여 주는 사례가 헤로도토스의 《역사》다. 이 책에서 헤로도토스는 기원전 5세기 초에 벌어진 페르시아전쟁을 설명하면서 그리스와 아시아·아프리카의 관계를 자세히 살폈다. 이 책의 절정 부분은 거의 다 그리스 도시국가들과 페르시아제국의 전투를 다루는 데 할애됐지만, 헤로도토스는 그리스가 아프리카와 아시아의 영향을 크게 받았다는 것을 거듭 강조한다. 예를 들어, 헤로도토스는 그리스의 종교가 이집트에 기원을 두고 있다고 주장한다. 그가 [이집트문명이라는] 훨씬 더 오래된 이 문명을 우러러봤음은 매우 명백하다.[17] 헤로도토스는 페르시아제국을 다룰 때도 비슷한 태도를 보인다. [이탈리아의 역사학자] 아르날도 모밀리아노는 다음과 같이 말한다. "헤로도토스는 페르시아인들을 존경했으며 그들이 그리스인처럼 사고할 수 있다고 여겼다. … 그의 생각은 기본적으로 그리스인과 페르시아인의 상호 이해에 충실하다."[18] 고대 모델이 버널의 주장처럼 고전기 그리스의 기원을 정확하게 분석하는지 아닌지는 확신하지 못하더라도, 헤로도토스가 매우 체계적으로 표현한 믿음, 즉 그리스가 아프리카와 아시아의 주변국들에 역사적으로 빚을 졌다는 믿음은 고대사회에서는 인종적 배타성과 우월성을 표현한 이데올로기가 없었다는 것을 보여 준다.

로마제국이 붕괴한 뒤 서유럽에서 생겨난 봉건사회에서 지배계급은 스스로를 그리스도교라는 특정 종교의 신앙인으로 여겼다. 봉건 유럽은 스스로를 이슬람이라는 경쟁 신앙 추종자들과 전쟁을 벌이는 그리스도교 세계로 여겼다. [고고학자] 주디스 헤린은 다음과 같이 말한다.

> 고대 세계가 무너지면서, 제국적 지배보다는 신앙이 자신들이 경험하는 세계를 구별하는 특징이 됐다. 그리스도인은 자신들의 세계를 그리스도교 세계(오이쿠메네)라고 불렀고, 무슬림은 자신들의 세계를 이슬람 세계(다르 알 이슬람)라고 불렀다. 종교는 정치·사회·문화와 융합해서 신앙의 차이에 따라 별개로 존재하는 독립적 체제들을 이뤘다.[19]

그래서 지중해 세계(와 북부·중부 유럽과 중앙아

시아로 확장된 세계)는 이슬람 세계와 그리스도교 세계라는 경쟁 문명으로 양분됐다. 둘의 갈등은 1000년 동안 이어졌다. 이슬람의 창시자 무함마드가 632년에 사망한 직후 아랍이 동로마제국을 대부분 점령했을 때부터 제2차 빈 포위전이 벌어진 1683년까지 말이다. 이 쟁투는 무척 광폭했지만 인종에 따른 싸움은 아니었다. 한 신앙에서 다른 신앙으로의 개종이 심심찮게 일어났다. 십자군 전쟁 기간에 그리스도교 지배자들과 무슬림 지배자들은 흔히 서로 동맹을 맺었다. 오스만제국의 그리스도교 세계 공격이 절정에 이르렀던 16세기, 프랑스 왕은 오스만 군주 술탄의 스페인 합스부르크 왕가 공격을 지지하곤 했다. 자신에게 위협이 되는 유럽의 경쟁자를 약화시키기 위해서였다.

유력 신앙에 귀의하지 않은 사람들은 흔히 온갖 방식으로 차별당하고 박해당했다. 그중 중세 그리스도교 세계에서 벌어진 가장 끔찍한 일로는 제1차 십자군 전쟁이 일어난 11세기 말에 곳곳에서 벌어진 유대인 학살과 13세기 초에 프랑스 랑그도크 지역에서 벌어진 카타리파派 학살이 있다. 그럼에도 이런 종교적 박해가 인종차별과 같은 것은 아니었다. 이 점은 유대인 사례를 보면 잘 알 수 있다. 한나 아렌트가 "유대인 혐오가 영원한 것이라는 가정"이라고 부른 생각이 꽤 널리 퍼져 있다. 이런 가정에 따르면, "[유대인에 대한] 증오의 분출은 영원한 문제의 자연스러운 결과물이기 때문에 특별한 설명이 필요 없다."[20] 이런 관점으로 보면 홀로코스트는 2000년 동안 이어진 유대인 혐오의 최신 사례일 뿐이다. 그러나 지그문트 바우만이 지적했듯이, 현대 이전 유럽의 유대인들은 종교적으로 국외자 지위였기 때문에 유별나다고 할 만큼 처지가 취약했지만, 그렇다고 해서 "유대인들이 주류 사회질서에 포함되는 길이 아주 막힌 것은 아니었다. … 여러 신분으로 나뉜 사회에서 유대인은 그중 한 신분이었을 뿐이다. 유대인 개인은 자신이 속한 신분에 따라 규정되고 그 신분에 따르는 구체적 혜택과 부담을 부여받았다. 해당 사회의 다른 모든 구성원에게도 똑같은 원리가 적용됐다."[21] 현대의 유대인 혐오는 위계적 신분 질서가 무너지는 상황을 배경으로 19세기에 개발됐으며, 유대인을 더는 종교적 국외자로 취급하지 않고 생물학적으로 열등한 인종으로 다뤘다. 이렇게 인종적 유대인 혐오가 생겨난 덕분에 나치의 "최종적 해결"이 이데올로기적 개념으로 등장할 수 있게 됐다. 아렌트는 다음과 같이 말했다. "유대인은 개종해서 유대교[종교 — 지은이]에서 벗어날 수 있었다. 그러나 '유대인이라는 존재'[인종 — 지은이]에서는 벗어날 수 없었다."[22]

19세기 말로 접어들면서 유력한 사회질서[자본주의 질서] 속에서 유대인의 지위는 더는 종교적 소수자가 아니게 됐다(비록 천대받고 취약한 지위였지만 말이다). 격변이 일어나고 전쟁이 일어나고 양극화가 심해지던 현대 유럽 사회에서 유대인은 그런 격동이 낳은 적대감의 주요 속죄양으로서 이데올로기적으로 두드러지는 존재가 됐다. 유대인은 인종차별 이데올로기 탓에 그런 존재가 됐고, (뒤에서 살펴보겠지만) 이런 인종차별 이데올로기는 유럽이 나머지 세계를 지배하는 것을 정당화하고자 구축됐다. 그러므로 유대인을 말살하려 한 나치의 시도는 "가장 오래된 혐오"(어느 저술가의 말)의 최신 표현이 아니었다. 현대 자본주의의 중심에 깊이 뿌리내린 긴장의 결과물이었다.

4장
노예제도와 자본주의의 초기 발전

오늘날 우리가 목도하는 인종차별은 자본주의가 세계적 수준에서 가장 유력한 생산양식으로 발전하던 결정적 시기에 개발됐다. 그것은 17~18세기였는데, 당시 유럽의 식민지이던 신세계의 플랜테이션 농업은 아프리카에서 수입한 노예 노동력을 사용해 담배와 설탕 같은 소비재나 목화 같은 공업 원료를 생산해서 세계시장에 판매했다. 피터 프라이어는 그 과정을 추적했다. "인종차별은 17세기 바베이도스에서 탄생해 입에서 입으로 전해지다가 18세기 영국에서 글로 표현되며 확고히 자리를 잡았다. 카리브해 연안의 영국 식민지를 지배한 사탕수수 농장주와 노예 상인 같은 농장주 계급의 이데올로기로서 말이다."[23] 이 인종차별

이데올로기를 글로 표현한 가장 영향력 있는 문서는 에드워드 롱의 책 《자메이카 역사》(1774)다. 그렇지만 그에 앞서 이미 1753년에 스코틀랜드의 위대한 철학자이자 18세기 계몽주의의 거두인 데이비드 흄이 다음과 같이 선언한 바 있다. "흑인은, 아니 일반으로 말해 네다섯 인종 가운데 백인이 아닌 인종은 선천적으로 백인보다 열등하다는 생각이 든다."[24]

[영국의 역사학자] 로빈 블랙번이 "체계적 노예 사용"이라고 부른 일은 북아메리카와 서인도제도의 플랜테이션 농업에서 융성했고, 그 때문에 18세기에만 아프리카인 600만 명이 사로잡혀 수입됐다. 이것은 자본주의가 저지른 최악의 범죄 중 하나였다.[25] 그러나 아프리카인 노예를 착취하는 일이 생기기 전에 인종차별이 존재했고 이것이 노예 착취를 낳았다는 주장이 흔하다. 그런 주장에 [트리니다드섬 출신의 역사학자] 에릭 윌리엄스가 이의를 제기했다. 그는 고전의 반열에 오른 저서[《자본주의와 노예제도》]에서 다음과 같이 주장했다. "인종차별 탓에 노예제도가 생겨난 것이 아니다. 그 반대로 노예제도의 결과물로서 인종차별이 태어난 것

이다. 신세계에서 부자유 노동을 한 사람들은 백인이거나 흑인이거나 황인이었고, 가톨릭이나 개신교나 기타 종교의 신자였다."[26]

사실, 플랜테이션 경제는 처음에는 연한年限계약이민노동자[이하 계약 노동자]인 백인 부자유 노동자에게 의존했다. 그들은 유럽에서 [신세계로] 무료로 건너가는 대가로 3~5년 동안 특정 주인에게 속해 노예의 처지로 일하기로 계약한 노동자였다. 블랙번은 다음과 같이 말했다.

> 북아메리카 식민지로 이주한 백인의 절반 이상은 계약 노동자였다. 카리브해 연안의 프랑스·영국 식민지도 이런 부자유 노동자 수만 명을 흡수했다. 이 노동자들은 노예보다 싸게 거래되기도 했다. 1770년대까지 영국 식민지들로 실려 간 계약 노동자는 모두 합쳐 35만 명 정도였다.[27]

[초기 미국의 역사를 연구한] 바바라 필즈가 주장하기를, 버지니아 식민지의 담배 농장은 17세기 말까지 "아프

리카인 노예가 아니라 영국에서 건너온 계약 노동자에게 주되게 의존했다."

영국에서 일하는 노동자에 견줘, 버지니아에서 일하는 계약 노동자는 더 오랜 기간 일했고, 인간 대접이나 법률과 관습의 보호를 더 못 받았다. 계약 노동자는 가축처럼 거래됐고, 납치되거나 도난당했고, 도박판의 판돈으로 취급됐고, (아메리카에 도착하기도 전에) 재판의 승소자에게 보상으로 넘겨졌다. 탐욕스러운 왕들(그렇게 불러도 과언이 아니다)은 이 머슴에게 음식을 주는 데 인색했고, 머슴이 자유의 몸이 되는 시한을 속여 더 오래 부렸고, 계약 기간이 끝났는데도 풀어 주지 않는 경우가 많았다. 계약 노동자를 구타하고 불구로 만들고 심지어 살해해도 처벌을 받지 않았다.[28]

필즈가 관찰했듯이, 백인 계약 노동자들이 모면할 수 있는 "유일한 수모"는 "자신과 자손들이 영원히 노예 신세가 되는 것" 정도였다. 계속해서 커지는 식민지 생산물 수요를 맞추려면 노동인구 공급이 장기적으로 안정적이어야 한다고 생각한 농장주들이 보기에 이 점은 계약 노동자의 중요한 흠이었다. 그렇지만 필즈는 계약 노동자들이 백인이어서 완전한 노예가 되지 않은 것은 아니었다고 주장한다. 영국의 착취자와 피착취자 사이에서 "노골적이거나 은밀하게, 무장하거나 무장하지 않고, 평온하거나 격렬하게 벌어진 매일 매일의 다툼"이 농장주 권력을 제약했기 때문이라는 것이다.

> 계약 노동자 전체를 노예로 삼았다면 이 계속되는 투쟁의 수위가 몇 단계 더 높아져서, 계약 노동자들이 무장을 갖추고, 자신들의 주인을 머릿수로 압도하려 하고, 그에 따라 일어나고야 말 전쟁을 인디언들이 손쉽게 어부지리로 이용하게 될지도 몰랐다. 게다가 이민자들을 노예로 삼았다는 소식이 영국에 도달하면, 미래에는 이주할 사람이 없어질지도 모를 일이었다. 가장 탐욕스럽고 눈앞의 이윤만 볼 줄 아는 인간이어도 그런 정책이 가져올 재앙이 무엇일지 능히 내다볼 수 있었다.[29]

농장주들의 노동력 수급 문제를 해결할 방안이 마련됐다. 1680년대부터 "아프리카 노예를 점점 더 많이 수입하는 것"이었다. 그 덕분에 "영국인으로서 마땅히 누릴 권리를 부정당했다고 여겨 분노에 찬 영국인들이 무장 저항을 일으킬 위험을 높이지 않으면서도, 그들이 분노를 느낄 만한 물질적·정치적 박탈을 하지 않으면서도, 플랜테이션에 필요한 노동력을 충분히 유지할 수 있었다."[30] 신세계에서 "체계적 노예 사용"이 성행하는 맥락에서 인종차별이 생겨났다. 아프리카인이 (흄의 말처럼) "선천적으로 백인보다 열등하다"는 그 사상은 아프리카인에게 "영국인으로서 마땅히 누릴 권리"를 주지 않고 그들을 노예로 삼는 일을 정당화했다.

그러나 또 다른 질문이 떠오른다. 그런데 애초에 왜 노예제도를 정당화할 필요가 있었을까? 노예노동을 기초로 한 사회로서 역사적으로 중요한 또 다른 사례인 고대 그리스·로마 사회를 살펴보면, '뭐 이따위 질문을 해' 하는 생각이 들지 않을 것이다. [마르크스주의 역사학자] 엘런 우드는 다음과 같이 말한다.

고대 그리스와 로마는 노예를 일반적으로 사용했는데도, 노예제도가 인간 사이의 선천적 불균등성 때문에 정당하다는 사상은 전혀 없었다는 사실을 알면 놀랄 사람도 있을 것이다. 눈에 띄는 예외 사례로는 아리스토텔레스의 자연적 노예 개념이 있었지만, 이는 전혀 받아들여지지 않았다. 노예제도를 관례로 보는 관점이 더 흔했던 것 같다. 즉, 노예제도는 일반적 관례였지만 단순히 유용성에 근거해 정당화될 수 있었다. 사실 이 유용한 제도가 자연에 어긋난다는 점도 인정됐다. 이런 관점은 그리스철학에서만 나타난 것이 아니다. 로마법에서도 인정됐다. 심지어 노예제도는 로마법 안에서 [로마 시민과 시민권이 없는 이민족에게 모두 적용되는 관습법인] 만민법과 [자연에 적용되는 법인] 자연법이 서로 어긋난다고 인정된 유일한 사례라는 주장도* 있었다.[31]

그렇다면, 그리스와 로마의 이데올로그들은 스스

---

* 로마의 법학자 도미티우스 울피아누스는 노예제도가 자연스럽지 못한 제도이므로 자연법이 아니라 만민법에 속한다고 봤다.

로 "자연스럽지 못한" 제도라고 인정한 노예제도를 정교하게 옹호할 필요성을 왜 느끼지 못했을까? 이 질문에 답하려면, 자본주의 이전 계급사회의 기본적 특징 하나를 기억해야 한다. 마르크스는 자본주의 이전 계급사회가 "비경제적 강제력"에 의존했다고 말했다. 고대 노예제와 중세 봉건제는 둘 다 부자유 노동을 착취하는 데 기초를 뒀다. 노예의 지위는 로마인들이 '말하는 도구'라고 부른 것에서 알 수 있듯이, 일종의 재산이었다. 이처럼 노예는 소유주의 물리적 힘에 완전히 지배당하는 사람들이었다. 노예 소유주는 노예를 구타하고 강간하고 고문하고 살해할 수 있었다. 이렇게 한 인간 집단이 다른 인간 집단에 극도로 종속된 현상의 전제 조건은 그리스 도시국가와 로마제국의 군사력이었다. 그 군사력은 그때그때 노예를 만들어 냈다. 봉건제하의 농노는 대체로 노예보다 더 많은 권리를 누리고 약간의 땅뙈기를 통제했지만 영주의 군사력과 사법권의 지배를 받았다. 이 권력을 휘둘러 영주는 농노가 자신을 위해 일하도록 강제했다. 농노는 1주일에 며칠씩 영주의 땅에서 일하거나 자기 땅

에서 수확한 곡물의 일부를 영주에게 바치는 형식으로 영주에게 강제 노동을 제공했다.[32]

이런 사회는 위계적으로 조직됐고 사람들이 법률로 불평등하게 — 고대사회에서는 시민과 노예로(사실 시민도 부자와 빈자로 구분됐다), 중세 유럽에서는 신분으로 — 구분돼 있었다. 이는 이런 사회에서 일어난 착취의 성격을 반영했다. 눈에 빤히 보이고, 체계적이고, 법률적으로 뒷받침된 불평등이 자본주의 이전 사회의 표준이었다. 그 시대 이데올로그들은 이를 당연한 일로 여겼다. 사람들이 저마다 제구실을 타고나는 분업을 토대로 사회가 세워졌다고 여겼다. 고대 그리스 철학자 플라톤은 유명한 책 《국가》에서 사회가 수호자·전사·일꾼이라는 위계로 조직돼 있다고 했다. 이는 그런 이데올로기의 고전적인 서구식 형태다. 또 다른 사례는 위대한 중세 아랍 철학자 이븐할둔의 말에서 찾을 수 있다.

세상은 정원이고 왕조는 그 울타리다. 왕조는 권력이고 그 권력을 통해서 삶이 적절한 규범을 따르게 된다. 적절한 규범이란 통치자가 지휘하는 정책을 뜻한다. 통치자는 군대에 의해 지탱되는 기관이다. 군대는 조력자로서 돈으로 유지된다. 돈은 백성이 모은 양식이다. 백성은 정의의 보호를 받는 머슴이다. 정의는 조화로운 것이고, 그것을 통해 세상이 유지된다. 세상은 정원이다. …[33]

이런 위계로 조직된 사회에서 노예는 불평등하게 나뉜 여러 신분의 하나였을 뿐이고, 그래서 노예의 존재를 딱히 설명할 필요가 없었다. 그러나 자본주의 사회에서는 그렇지 않다. 자본주의 생산양식은 자유로운 임금노동자를 착취하는 데 기초를 두기 때문이다. 마르크스는 다음과 같이 말했다. 임금노동자는 "이중의 의미에서 자유롭다. 첫째로 낡은 후견 관계나 예속 관계나 노예 관계에서 자유롭고, 둘째로 모든 소유물에서, 모든 물질적 객체 형태의 존재에서, 즉 모든 재산에서 자유롭다."[34] 노동자는 법률적으로나 정치적으로 착취자에게 종속돼 있기 때문이 아니라, 생산수단에서 분리된 결과로 생긴 경제적 강제 때문에 자신이 가진 유일한 생산적 자원인 노동력을 판매해야 한다. 이

것이 자본주의적 착취의 기초다. 노동자와 자본가는 법률적으로 동등한 존재로 노동시장에서 마주 선다. 노동자는 자기 노동력을 판매하지 않을 자유도 있다(그러면 굶든지 실업수당을 받든지 해야겠지만 말이다). 그래서 마르크스는 노동시장을 가리켜 "그야말로 천부인권의 지상낙원"이고 "자유·평등·소유·벤담의* 배타적 영역"이라고 했다. [자본주의에서] 착취는 "생산이라는 비밀 장소"에서만 일어난다.[35]

자본가와 노동자가 형식적으로는 평등하지만 실제로는 불평등하다는 점이 부르주아 사회의 근본적 특징이고, 부르주아 사회 발전의 여러 측면에 영향을 끼쳤다. 자본주의 생산양식의 득세를 가로막던 장애물을 치워 버린 위대한 부르주아 혁명은 자유와 평등을 기치로 들고 대중을 동원했다. [영국 혁명 당시 혁명 세력 내부에서 벌어진] 1647년 퍼트니 논쟁에서 [급진파인 수평파를 대변한] 레인즈버러 대령은 다음과 같이 말했다. "영국에서 가장 가난한 사람이 가장 위대한 사람으로 살

---

* 공리주의를 주장한 영국의 철학자 제러미 벤담을 가리킨다.

수 있어야 합니다. … 어느 정부 아래 살게 되는 사람은 누구나 우선은 스스로 동의해야 그 정부 아래 들어가는 것입니다.” 1776년 발표된 미국 독립선언문은 다음과 같이 선포했다. “우리는 다음의 사실이 자명하다고 여긴다. 사람은 모두 평등하게 창조됐다. 사람은 모두 양도할 수 없는 권리를 창조주께 받았다. 그 권리에는 삶의 권리, 자유로울 권리, 행복을 추구할 권리 등이 있다.” 1789년 프랑스 대혁명은 자유·평등·우애를 기치로 벌어졌다.

그러나 역설이 있었다. 자본주의는 자유로운 임금노동을 착취하는 체제인데, 그런 자본주의가 성장의 결정적 국면에서 식민지 노예 사용으로 어마어마한 이득을 봤다는 것이다. 이런 역설은 자본주의가 산업혁명기로 접어들 때까지도 계속됐다. 당시 잉글랜드 북부 방직 산업은 핵심 원자재를 미국 남부의 노예 플랜테이션 농장에서 수입했다. 자본주의가 노예노동에 의존한다는 사실은 해명이 필요한 일이 됐다. 바로 이런 맥락에서, 흑인은 인간 이하의 존재고 그러니까 평등한 대우(당시에 인간으로서 마땅히 누릴 권리로 인식돼 갔다)를 받을 필요가 없다는 사상이 단단히 자리 잡기 시작했다.

바바라 필즈는 "인종 이데올로기"가 특히 미국 남부의 "백인 자영농" 사이에서 힘을 얻었다고 주장한다. "백인 자영농"은 소농과 장인으로, 남북전쟁 이전 미국 남부 인구의 거의 3분의 2를 차지했고 대체로 노예를 소유하지 않았으며 대농장주에게서 정치적·경제적으로 독립적이고자 한 사람들이었다.

> 인종 이데올로기는 자유와 자연권이라는 급진적 신조 위에 세워진 공화국(더 중요하게는 그 신조가 소수자를 제외한 모두가 사는 세계를 정확하게 상징한다고 여겨진 공화국)에 사는 사람들에게 노예의 존재를 설명할 수단을 제공했다. 유럽계 미국인 공동체 구성원 중 가장 관찰력이 떨어지고 생각이 얕은 사람이 보기에도 [흑인에게서] 자유를 박탈하는 것이 기이한 예외 사례로 보이게 됐을 때에야 그 이데올로기는 그 기이한 예외 사례를 체계적으로 설명하게 됐다.[36]

이와 비슷하게, 피터 프라이어도 18세기 영국에서 인종차별이 "대체로 방어 이데올로기로서, 즉 부와 생활 방식과 권력이 점점 더 거세게 공격받던 계급의 무기로서" 생겨났음을 보여 줬다.[37] 노예무역은 물론이고 노예제도 자체를 폐지하라는 압력이 성장하자 에드워드 롱 같은 인종차별 이데올로그들이 나서서 서인도제도의 대농장주를 방어했다. 인종차별 이데올로기는 노예제도가 폐지된 뒤로도 살아남았고, 오히려 19세기에 이론적으로 더 정교하게 다듬어졌다. 다윈의 자연선택론을 저속하게 해석한 것을 기초로 해서 사이비 과학인 인종 생물학이 등장한 것이다. 이 사이비 과학의 탄생은, 처음에 인종차별을 낳은 기이한 예외 사례가 다른 형태로 변모해 계속된 상황, 즉 한 줌밖에 안 되는 유럽 강대국들(과 유럽화된 미국과 러시아)이 나머지 세계를 지배하게 된 상황을 반영한 일이었다. 아시아인과 아프리카인은 백'인종'의 통치를 받기에 적합한 생물학적 형질을 타고났고 백인은 열등한 인종의 이익을 위해 세계를 통치할 의무가 있다는 사상이 그런 사태 전개를 정당화해 줬다. 이런 관점의 고전적 사례는 1898년에 러디어드 키플링이 쓴 시 〈백인의 책무〉였다. 이 시는 당시 제국주의 강대국으로 성장하기 시작한 미국에 [필리핀을 식민 지배하라고] 호소하는 내용이었다.

> 백인의 책무를 이행하라
> 최고의 아들을 파견하라
> 그대 아들을 외국으로 보내 시련을 겪게 하라
> 그대가 사로잡은 자들의 필요에 복무하게 하라
> 무거운 족쇄를 차고 시중을 들게 하라
> 활개 치는 군상과 야생을 위해서
> 그대가 새로 잡은 뚱한 표정의 인간들을 위해서
> 반은 악마이고 반은 어린아이인 그들을 위해서[38]

5장
오늘날의 자본주의와 인종차별

이처럼 인종차별은 노예제도와 제국이 낳은 창조물이다. 인종차별은 자본주의가 만인에게 보장하겠노라 약속한 권리를 식민지의 천대받는 사람들에게는 평등하게 보장하지 않은 일을 옹호하기 위해 개발됐다. 그래서 지금까지는 인종차별과 자본주의의 과거 연관성을 살펴봤다. 그렇다면 오늘날의 인종차별은 어떻게 볼 것인가? 분석을 여기서 멈추면, 현재의 인종차별은 노예제도가 폐지되고 식민 제국이 몰락한 뒤로도 어찌어찌 살아남은 유물 정도로 보일 것이다. 피터 프라이어의 견해가 그렇다. "인종차별 이데올로기를 처음 생겨나게 한 물질적 조건이 사라진 지 오래됐는데도, 이 죽은 사상은 살아 있는 사람들의 마음을 계속

붙들었다. 그리고 영국의 많은 백인, 특히 권력층 백인이 저지르는 온갖 인종차별적 행위를 낳았다."[39] 이제는 인종차별의 물질적 토대가 사라졌다는 이런 분석은 인종차별 반대자의 주된 임무가 백인의 태도를 바꾸는 것이라고 암시하는데, 그 방법은 교육인 것으로 보인다. 그러나 이는 틀렸다. 오늘날의 자본주의에서도 인종차별을 낳는 물질적 조건은 계속 존재하기 때문이다.

우선 인종차별 이데올로기의 변천을 살펴보자. 마틴 바커는 이른바 "새로운 인종차별"의 출현에 주목한 여러 저술가 중 한 명이다. "새로운 인종차별"은 어느 인종이 다른 인종보다 생물학적으로 우월하다는 점보다는 '민족' 사이의 문화 차이를 부각한다.[40] 이넉 파월이나 노먼 테빗 같은 영국 보수당 우파 이데올로그는 유럽인과 비유럽인은 문화 차이 때문에 한 사회에서 공존하지 못한다는 사상을 이용해 이민 통제 강화를 옹호했고, (파월은) 심지어 흑인을 송환해야 한다고 주장했다. 이런 종류의 인종차별을 보여 주는 가장 악명 높은 사례는 마거릿 대처가 1978년 1월 30일

TV 프로그램 〈월드 인 액션〉에 출연해 한 말이다. "[영국] 국민은 다른 문화권 사람들에게 집어삼켜질까 봐 걱정이 큽니다."

"새로운 인종차별"이 표상하는 변화는 얼마나 큰 변화일까? 그리고 무엇이 "새로운 인종차별"을 낳았을까? 둘째 질문부터 다뤄 보자. 앞에서 살펴본, 인간이 생물학적 형질이 다른 여러 인종으로 나뉘어 있다는 사상은 더는 과학적으로 받아들여지지 않는다. 그리고 그런 사상은 다행이게도 도덕적·정치적으로 평판이 좋지도 않다. 나치가 그것을 활용했기 때문인데, 나치의 홀로코스트를 본 사람들은 19세기에 성행한 생물학적 인종차별에 진저리를 치게 된 것이다. 이 때문에, 생물학에서 문화로, 인종에서 민족성으로의 이동이 일어났다.

그렇다 해도, 이 변화를 너무 크게 보면 곤란하다. 첫째, 생물학적 인종차별은 여전히 살아 있다. 예를 들어 생물학의 개념을 이용해 사회 불평등을 설명한답시고 떠드는 사회생물학, 미국 흑인의 아이큐가 낮은 현실은 흑인과 백인의 유전적 차이 때문이라는 생각

등이 있다.[41] 둘째, 흑인이 선천적으로 백인보다 열등하다는 견해도 여전히 널리 퍼져 있다. 물론 눈여겨볼 만한 주장처럼 꾸미려고 문화 차이라는 개념을 이용하곤 하지만 말이다. 공개적 발언에서 쓰이는 말은 겉보기로는 별문제 없어 보인다. 그러나 그런 말이 사실은 노골적인 인종차별적 태도를 옹호하는 코드를 암암리에 심은 것인 경우가 흔하다. 대처가 "집어삼키다 swamp"라는 단어를 쓴 것이 이에 딱 들어맞는 사례다. 흑인에 대한 광범한 괴롭힘을 포함해서 1981년 4월 런던 남부 브릭스턴에서 소요 사태를 촉발한 경찰의 작전명이 '장악swamp 81'이었던 것은 확실히 우연한 일이 아니었다.

셋째, 예의를 차리는 논의에서는 "인종"이라는 말 대신에 "문화 정체성"이나 "민족 정체성"이라는 말이 쓰이는데, 그런 말에도 옛 인종차별의 특징인 상스러운 고정관념이 똑같이 녹아 있다.[42] "민족성"이든 "문화"든 한번 거기에 포함되면 다시는 벗어날 수 없는 것으로 여겨진다. 그 민족성과 문화는 역사(대체로 단순하고 우스꽝스럽게 이해되는 역사)의 산물이라고 인정되더라도, 인간의 어떤 행위로도 더는 바뀌지 않는 것으로 여겨진다. 즉, 사실상 본성의 일부가 된다. 기껏해야, 한 "민족"이라는 감옥에 갇힌 사람은 다른 감옥에 갇힌 사람을 이해하려 애쓸 수 있다거나(다문화주의), 어쩌면 다른 감옥으로 옮겨 갈 수 있다고 한다. 후자의 예로 테빗은 흑인에게 "크리켓 시험"을 통과하라고 요구한다. 국제 크리켓 경기에서 영국이 서인도제도 나라나 인도나 파키스탄과 맞붙을 때 흑인이 영국을 응원해야만 영국인으로 인정해 주겠다는 것이다. 이는 결국 영국인이 되려면 사실상 자신이나 선조의 출신국과는 완전히 선을 긋고 주류 문화에 동화되라는 말인데, 테빗은 대다수 흑인이 이 시험을 통과하지 못할 것이라고 가정한다.[43]

문화 차이 운운하면서 대체로는 선천적 열등함이라는 옛 관념을 은근히 옹호하는 오늘날의 인종차별은 모두 산업자본주의라는 조건 속에서 생겨난다. 성년이 된 자본주의는 자유로운 임금노동을 착취하는 데 기댄다. 그런데 자기 노동력을 자본에 판매하는 노동계급은 내부적으로 두 가지 방식으로 구성돼 있다.

첫째, 기술적 분업 때문에 노동자들이 각기 다른 기술을 보유하는 것이 필요하다. 노동시장의 기능 하나가 이 필요를 충족하는 것이다. 임금률[임금수준]의 차이가 노동인구를 여러 곳으로 분산하는 수단이다. 둘째, 자본가는 노동자를 충분히 공급받기 위해 해외에서 노동자를 들여와야 하는 일이 흔하다. 그래서 여러 국적 노동자를 끌어모은다. 에릭 홉스봄은 다음과 같이 지적했다. "19세기 중엽은 역사상 이민이 가장 많이 일어나기 시작한 시기였다." 그 시작은 유럽인이 대거 미국으로, 그보다는 적게 남아메리카와 호주와 남아프리카로 이주한 일이었다.[44] 가장 눈에 띄는 결과물이 "이민자의 나라"로 유명한 미국인데, 미국 노동계급은 순전히 계속된 이민 행렬에서 생겨났다. 다른 사례도 많다. 빅토리아시대 영국에는 아일랜드인 노동자가 대거 유입됐다. 19세기 말 프로이센 지주는 폴란드 출신 노동자를 대거 사용했다. 이주 노동자에게 의존하는 것은 20세기 후반기 선진 자본주의의 구조적 특징이었다. 1970년대 초 서유럽에 사는 이민자는 거의 1100만 명이었는데, 그들은 1950~1960년대 호황 동안 남유럽과 옛 유럽 식민지에서 건너온 사람들이었다.[45] 심지어 미국은 경제 위기에 시달리던 1970~1980년대에도 라틴아메리카와 동아시아에서 많은 이민자를 끌어들였다.

자본가들은 경제적 이득을 바라고 이주 노동자를 고용한다. 자본가들은 이주 노동자 덕분에 노동 인력 수급을 유연하게 조직할 수 있다. 이주 노동자는 저임금에 고되고 흔히 교대제인 일자리도 마다하지 못하는 경우가 많다. 그리고 이주 노동자를 기르고 교육하는 비용은 본국에서 지출됐으므로, (이주 노동자가 납부하는 세금까지 감안하면) '수용'국 자본가는 노동력 재생산 비용도 크게 아낀다.[46] 그러나 이것이 다가 아니다. 노동계급이 '토박이' 노동자와 이주 노동자로 (미국에서는 먼저 이주한 노동자와 나중에 이주한 노동자로) 나뉘어 있으면 노동계급을 인종에 따라 분열시키기 쉽다. 특히 국적 차이가 기술적 분업상의 지위 차이(예를 들어 숙련 노동자와 미숙련 노동자의 차이)와 조금이라도 비슷하다면, 분열시키기가 더 쉽다.

마르크스는 '토박이' 노동자와 이주 노동자의 인종

에 따른 분열이 어떻게 노동계급을 약화시킬 수 있는지를 파악했고, 그것을 1870년 4월 9일 자로 지크프리트 마이어와 아우구스트 포크트에게 보낸 유명한 편지에 담았다. 이 편지에서 마르크스는 아일랜드인들의 민족자결권 투쟁이 왜 영국 노동계급에게 사활적으로 중요한 일인지 설명했다.

> 다른 무엇보다 중요합니다! 영국의 공업·상업 중심지에는 어디든지 노동계급이 영국인 프롤레타리아와 아일랜드인 프롤레타리아라는 서로 적대하는 두 진영으로 분열해 있습니다. 평범한 영국인 노동자는 아일랜드인 노동자를 자기 생활수준을 떨어뜨리는 경쟁자로 보고 무척이나 싫어합니다. 영국인 노동자는 아일랜드인 노동자와 달리 자신은 지배 민족의 일원이라는 소속감을 느끼고 그래서 아일랜드를 억압하는 자국 귀족과 자본가의 수족이 돼 버립니다. 그럼으로써 영국인 노동자는 자신에 대한 그들의 지배를 스스로 강화하는 셈입니다. 영국인 노동자는 아일랜드인 노동자에 대한 종교적·사회적·민족적 편견을 품고 있습니다. 아일랜드인 노동자

를 대하는 영국인 노동자의 태도는 과거 미국 남부의 노예주州들에서 '가난한 백인'이 '흑인'을 대하던 태도와 거의 같습니다. 아일랜드인 노동자는 원금에 이자까지 붙여서 앙갚음합니다. 아일랜드인 노동자는 영국인 노동자가 영국의 아일랜드 지배의 공범이자 어리석은 도구라고 생각합니다.

이런 적대는 언론, 설교, 만화 신문 등 한마디로 지배계급이 동원할 수 있는 온갖 수단에 의해 인위적으로 유지되고 강화됩니다. 이 적대는 왜 영국인 노동계급이 자체의 조직을 갖추고도 완전히 무력한지를 이해할 수 있는 열쇠입니다. 이것이 자본가계급이 권력을 유지하는 비결입니다. 그리고 자본가계급은 이 사실을 아주 잘 알고 있습니다.[47]

주목해 봐야 할 이 구절에서 마르크스는 오늘날 자본주의에 존재하는 인종차별을 유물론적으로 설명하는 것이 무엇인지 그 윤곽을 제시한다. 마르크스는 인종차별이 존재하는 주요 조건 세 가지를 알아차렸다고 볼 수 있다.

1) 노동자들 사이의 경제적 경쟁("평범한 영국인 노동자는 아일랜드인 노동자를 자기 생활수준을 떨어뜨리는 경쟁자로 보고 무척이나 싫어합니다"). 자본축적의 특수한 패턴 탓에, 다양한 임금률로 노동시장에 반영되는 특수한 형태의 노동 분배가 생겨난다. 특히 노동이 탈숙련화되는 자본 구조조정 시기에 자본가는 기존의 숙련 노동자를 더 싸고 기술 수준이 낮은 노동자로 대체하고 싶은 마음이 (본능처럼) 든다. 만약 이 두 노동자 집단이 국적이 다르고 그래서 십중팔구 언어와 전통도 다르다면, 두 집단 사이에서 인종에 따른 적대가 생겨날 가능성이 있다. 이것은 미국 노동계급 역사에서 아주 흔하게 나타난 패턴이다.[48] 그렇지만 인종에 따른 분열이 꼭 숙련 노동자가 자기 지위를 지키려 애쓰는 가운데 생기는 것만은 아니다. 19~20세기 미국 사례를 보면, 흑인이 숙련직 일자리에서 밀려나고 그 자리를 백인 노동자가 채운 경우도 많다. 예를 들어, 미국 남북전쟁 이전 시기 미숙련 아일랜드계 이민자들이 그랬다.[49]

2) 인종차별 이데올로기가 백인 노동자에게 미치는 호소

력("평범한 영국인 노동자는 … 자신은 지배 민족의 일원이라는 소속감을 느낍니다"). 노동자 집단들 사이에 경제적 경쟁이 있다는 사실만으로는 인종에 따른 적대가 생겨나는 일을 다 설명하지 못한다. 왜 인종차별 이데올로기가 백인 노동자에게 호소력이 있을까? 백인 노동자가 인종차별에 경제적 이해관계가 있기 때문이라는, 즉 인종차별에서 물질적으로 득을 보기 때문이라는 설명이 있을 수 있다. 뒤에서 다루겠지만 이 설명은 틀렸다. 이보다 나은 설명은 W E B 듀보이스가 그의 위대한 저서 《미국의 검은 재건Black Reconstruction in America》(1935)에서 간략하게 제시한다. 듀보이스는 급진적 재건 운동(남북전쟁 종전 후 해방된 노예와 백인 급진파가 연합해서 미국 남부의 인종차별을 뿌리 뽑으려 애쓴 운동)이 패배한 뒤 흑인 노동자와 백인 노동자 사이에 나타난 분열을 설명하려고 애썼다. 그는 다음과 같이 주장한다.

> 노동계급의 단결을 추구하는 [마르크스주의 — 지은이] 이론은 … 미국 남부에서 작동하지 못했다. … 면밀하게

계획되고 서서히 진화한 수단 덕분에 인종 이론이 보강됐기 때문이다. 이 때문에 백인 노동자와 흑인 노동자는 사이가 틀어져서, 오늘날 세계의 노동자 집단들 가운데 [이 두 집단만큼] 실제로는 이해관계가 같은데도 이토록 심하고 고집스럽게 서로 증오하고 두려워하고 멀어져서 어느 쪽도 공통의 이해관계를 보지 못하는 경우는 십중팔구 없을 것이다.

백인 노동자 집단이 저임금에 시달리지만 모종의 공적·심리적 임금으로 보상받았다는 사실을 기억해야 한다. 백인 노동자는 백인이라는 이유로 공공장소에서 존중받고 공손한 대접을 받았다. 또, 다른 계급의 백인과 마찬가지로 공개 행사, 공원, 공립학교에 자유롭게 들어갈 수 있었다. 경찰은 백인 노동자 중에서 충원됐다. 백인 노동자의 표에 의존하는 법원은 그들을 관대하게 대했다. 마치 무법을 고무하는 듯했다. 백인 노동자는 공무원 선출에도 투표권이 있었는데, 이는 그들의 경제적 처지에는 영향을 주지 않았지만 백인 노동자가 개인적으로 받는 처우와 대접에는 엄청나게 큰 영향을 줬다. 백인이 다니는 학교는 건물이 마을에서 가장 좋고, 눈에 잘 띄는 곳에 지어졌다. 어디서나 [정부가 지출하는] 학생 1인당 교육비는 백인 학교가 유색인 학교의 2~10배였다. 신문은 가난한 백인에게 아첨하는 기사만 다뤘고 흑인은 완전히 무시하거나 조롱할 뿐이었다.

한편, 이와 같은 방식으로 흑인은 공개적 모욕을 당했다. 흑인은 사람들이 떼 지어 있으면 두려움을 느꼈다. 흑인은 어린아이들에게 욕을 듣기 일쑤였고 백인 여성은 별 이유 없이 흑인을 무서워했다. 흑인은 '나는 이것이 열등합니다 저것이 열등합니다' 등의 말을 하도록 강요받았다. 그 결과, 두 계급[백인 노동계급과 흑인 노동계급]의 임금은 낮게 유지됐다. 백인은 자기 일자리를 흑인에게 빼앗길까 봐 두려워했고, 흑인은 항상 백인 노동자로 대체될 수 있다는 두려움에 시달렸다.[50]

이 책에서 듀보이스는 짐 크로 법이* 시행되던 시대

---

* 짐 크로 법 미국 남부의 공공장소에서 흑인과 백인의 분리와 차별을 규정한 인종차별법의 통칭으로 1876년부터 1965년까지 존재했다.

의 미국 남부 상황이라는 매우 극단적인 인종차별 사례를 다룬다(당시 상황은 리처드 라이트의 책 《엉클 톰의 아이들Uncle Tom's Children》에 잘 묘사돼 있다). 그러나 듀보이스의 주장이 당시에만 적용되는 것은 아니다. 그의 주장에는 두 가지 요소가 있다. 첫째, 인종차별 탓에 "실제로는 이해관계가 같은 … 두 노동자 집단"이 분열해서 "두 계급의 임금은 낮게 유지됐다"는 점이다. 이처럼 듀보이스는 세드릭 로빈슨 같은 흑인 민족주의자에게 반대하며(로빈슨은 듀보이스가 자신의 주장을 지지한다고 말하고 싶어 하지만), 백인 노동자가 흑인 천대에 이해관계가 있지 않다고 주장한다(로빈슨이 이른바 "흑인 급진파 전통"의 일원이라고 여기는 C L R 제임스도 듀보이스의 관점에 단호히 동의했다).[51] 둘째, 백인 노동자들이 낮은 임금에 대한 보상으로, "모종의 공적·심리적 임금"(마르크스의 말로 "지배 민족"의 일원이어서 받을 자격이 있는)을 받았다는 점이다.

사실 마르크스는 이런 보상 과정이 어떻게 작동하는지 이해할 방법을 남겼다. 그것은 1843년에 쓴 《헤

겔 법철학 비판》 서문의 유명한 구절에 담겼다. "종교적 고통은 현실의 고통을 표현하는 것이자 현실의 고통에 대한 항의이기도 하다. 종교는 천대받는 사람들의 탄식이요, 몰인정한 세계의 인정이요, 영혼 없는 상황의 영혼이다. 종교는 대중의 아편이다."[52] 즉, 종교적 신념은 그저 성직자들이 작당하고 대중을 현혹해 주입한 것이 아니다(계몽주의 철학자들은 그렇다고 주장하지만 말이다). 종교는 현실의 모순에 대한 해법을 (가상적으로나마) 제시하기 때문에 사람들에게 받아들여지는 것이다. 종교는 현실 세계의 고통에 대한 위안으로 죽음 너머에 있는 천국의 세계를 제시한다. 종교의 힘은 그것이 고통과 차별의 존재를 인정한다는 데 있다. 비록 그 해법은 틀린 것일지라도 말이다. 여기에서 마르크스는 인종차별 이데올로기를 포함해 이데올로기 일반이 작동하는 메커니즘 하나를 밝혀냈다. 인종차별은 백인 노동자에게 유력한 집단에 속했다는 안도감을 준다. 그리고 위기의 시기에 바로 공격할 수 있는 속죄양(차별받는 집단)도 제공한다.

그렇게 해서 인종차별은 백인 노동자에게 특정한

정체성을 부여한다. 게다가 그 정체성은 백인 노동자와 백인 자본가를 하나로 결속한다. 바로 이 지점에서 우리는 일종의 "상상의 공동체"를 보게 된다. "상상의 공동체"는 민족주의를 분석한 베네딕트 앤더슨의 유명한 책에 등장하는 말인데, 그는 민족을 "상상의 정치 공동체"라고 주장한다. 특히 "그 구성원 사이에 불평등과 착취가 실재하는데도, 민족은 언제나 수평적 동지 관계로 인식된다."[53]

선진 자본주의 나라들에서 민족주의가 널리 퍼진 결정적 시기는 19세기 말이다. 유럽 지배계급이 당시 선거권을 얻어 내고 점점 조직화하던 노동자들을 하나의 공동체로 통합하려고 애쓴 과정의 일부로서 민족주의가 발전했다.[54] 제국주의 강대국들 사이의 경쟁이 심해지던 상황을 배경으로 해서, 노동자들은 '자국' 지배계급과 이해관계를 공유한다고 여기도록 부추겨졌다. 바로 같은 시기에 사이비 과학인 인종 생물학이 크게 발전했다. 인종 생물학은 그저 서구 제국주의의 세계 지배만 옹호한 것이 아니다. 강대국들 간 충돌도 인종 간 생존경쟁의 한 측면이라고 하며 옹호했다. 인종차별은 민족주의를 뒷받침했고, 이 때문에 노동자들은 자신도 착취자들과 똑같은 고등 인종(세계 패권을 놓고 다투는 인종) 중 하나에 속한다고 여기게 됐다. 물론 일반으로 말해 민족주의는 인종차별과 같지 않다. 많은 민족주의자는, 특히 식민지 해방 투쟁을 벌이는 민족주의자는 자기 민족을 지지하면서도 민족들 사이의 평등을 신실하게 믿는다. 그렇지만 제국주의적 민족주의는 조건이 조성돼 있으면 인종차별이 자랄 토양이 된다.

3) **인종에 따른 노동자 분열을 조장하고 유지하려는 자본가계급의 노력**("이런 적대는 언론, 설교, 만화 신문 등 한마디로 지배계급이 동원할 수 있는 온갖 수단에 의해 인위적으로 유지되고 강화됩니다"). 마르크스는 인종차별이 자본의 이익에 복무한다고 분명하게 주장한다. "이것이 자본가계급이 권력을 유지하는 비결입니다." 그리고 다음과 같이 강조한다. "자본가계급은 이 사실을 아주 잘 알고 있습니다." 얼핏 보면 마르크스가 인종차별을 그저 자본가들의 음모가 낳은 현상으로 여기는 듯하다. 그러나 그렇지 않다. 앞에서 살펴봤

듯이, 인종에 따른 분열을 낳는 객관적인 경제적 맥락이 있다. 바로 자본이 어떤 종류의 [기술을 보유한] 노동자를 바라는지는 끊임없이 변하고 그 요구는 흔히 이민으로만 충족될 수 있다는 맥락이다. 또, 인종차별이 차별하는 '인종'에 속하는 노동자에게 가상의 보상(착취를 당하지만 "지배 민족"에 속한다는 보상)을 한다는 점도 살펴봤다. 게다가 인종차별이 노동계급을 분열시키고 그 결과로 약화시킴으로써 자본주의의 유지에 일조한다는 것은 객관적 사실이다. "이간질해서 각개격파한다"는 격언은 고대부터 내려오는 지배계급의 지혜로, 서기 1세기에 로마 황제 티베리우스가 한 말이다. 자본가의 지배는 하늘에서 뚝 떨어진 것이 아니다. 능동적으로 조직된 것이다. 그 방법의 하나가 인종차별을 부추기는 것이다. 인종차별 부추기기는 항상 일어난다. 1988년 미국 대선에 출마한 조지 부시는 선거에서 승리하려고 아무 거리낌 없이 인종차별을 이용했다. 자본주의는 단지 사용자들의 음모에 따라서만 움직이는 체제는 아니지만, 자본가들이 노동계급을 분열시키려고 인종차별에 기대는 경우는 매우 흔하다.[55]

6장
흑인 노동자와 백인 노동자

앞서 봤듯이, 인종차별은 자본주의가 유지되는 데 기여한다. 그러므로 인종차별은 자본가계급에 유익한 일이다. 그런데 노동계급에는 어떨까? 마르크스주의자와 흑인 민족주의자 사이에 가장 중요한 차이점 하나를 꼽자면, 그것은 백인 노동자가 인종차별에서 물질적 이득을 얻느냐는 질문을 둘러싼 견해 차이다. 흑인 민족주의자들은 그렇다고 여긴다. 흑인 민족주의는 다른 면도 있는데, 바로 흑인 운동이 계급 차이를 뛰어넘을 수 있다고 보는 경향이 있다는 점이다. 이런 생각이 체계적으로 정리되는 방식은 여러 가지다. 세드릭 로빈슨은 혁명적 변화의 행위자는 산업 노동계급이 아니라 "흑인 급진파 전통"이고, "흑인 급진파 전통"은 수 세기에 걸친 저항으로 형성된 "집단적 흑인 정체성"을 분명히 표현한다고 주장한다. "변혁을 위해 서구에서 실시된 정치 실험, 그중에서도 민족주의와 계급투쟁은 벽에 부딪혔다. 흑인 급진주의는 그런 전통을 넘어서서 자체의 전통을 세우고 있다."[56] [영국의 역사학자] 폴 길로이는 마르크스주의가 "흑인 프티부르주아와 흑인 노동계급 이민자는 객관적으로 모순된 계급적 처지 때문에 이해관계가 … 완전히 단절돼 있다"고 가정한다며 강력히 비판했다. 이런 "교조주의"는 "흑인 공동체가 독특한 정치 언어를 가진 복합적이고 포괄적인 집단으로서 구축됐다"는 사실을 보지 못한다는 것이다.[57] [스리랑카 출신의 소설가이자 인종관계연구소 소장을 지낸] A 시바난단은 훨씬 더 확고하게 계급적 분석을 주장하지만, 그가 일차적으로 주목하는 대상은 흑인과 백인을 포괄하는 노동계급 전체가 아니라 "소매업의 선대제, 제조업의 유연 생산 시스템, 팽창하고 있는 서비스 부문의 고용·해고 체계에서 두드러지는 가내 노동자, 초착취 공장 노동자, 임시직·시간제 노동자, 기간제 노동자 등의 새로운 최하층 계급"이다.[58]

백인 노동자는 인종차별에 맞서 투쟁할 이해관계가 없다고 보는 견해는 백인 노동자가 특혜를 누리는 노동귀족으로서 제국주의가 제3세계 노동자에게서 뽑아낸 초과이윤을 일부 받는다고 보는 사상에 기대 옹호되는 일이 흔하다. 노동귀족 이론은 본래 제1차세계대전 와중에 레닌과 듀보이스가 각자 발전시킨 이론으로 개혁주의를 설명하려고 고안됐다. 노동귀족 이론은 개혁주의가 서구 노동계급 내 한 계층의 물질적 이해관계를 반영하는 현상이라고 주장했다.[59] 그런데 흑인 민족주의자들은 이 이론을 변형해서 선진국의 노동계급 전체가 제국주의의 성과를 공유한다고 주장한다. 예컨대 [트리니다드섬 출신의 영국 역사학자] 론 램딘은 다음과 같이 선언한다. "식민지 노동계급을 착취하고 천대하는 일은 영국 노동계급의 생활수준을 유지하는 일과 떼려야 뗄 수 없었다."[60]

그러나 이런 견해는 전혀 타당성이 없다. 첫째, 노동귀족 이론은 19세기 말~20세기 초 고전적 제국주의의 전성기에 나타난 서구 노동계급의 행동을 전혀 설명하지 못한다. 그 이론은 경제학적 결함도 있지만 그것을 제쳐 놓더라도, "노동귀족"이라는 호칭에 딱 들어맞을 대상인 숙련 금속 노동자들이 어떻게 해서 제1차세계대전 말미에 유럽의 모든 공업 중심지(페트로그라드·베를린·토리노·셰필드·글래스고)에서 분출한 위대한 노동계급 항쟁의 선봉이 됐는지를 설명하지 못한다.[61]

둘째, 서구 노동계급 전체가 노동귀족이 됐다는 주장은 선진 자본주의 나라와 제3세계 사이에 '부등가 교환'이 일어나고 그 결과 제3세계 사람들에게서 추출된 자원으로 서구 노동자들이 먹고산다는 이론의 뒷받침을 받는 경향이 있다. 이 이론을 입증하는 주요 증거로는 선진 자본주의 나라의 임금수준이 제3세계보다 높다는 사실이 지목된다. 부등가 교환 이론 지지자들은 마르크스의 착취 이론을 가져다가 자신의 분석을 뒷받침한다. 그렇지만 마르크스의 착취 이론의 초점은 특정 노동자 집단이 얼마나 곤궁한 처지에 있는지를 다루는 것이 아니다. 마르크스의 착취 이론은 노동자가 받는 임금(자본가가 자신이 고용한 노동 인력의 재생산을 위해 지출하는 비용을 반영한다)과 노동자가 자기 임금 이상으로 추가로 생산한 잉여가치(자본가가 얻는 이윤에 해당한다)의 양 사이의 관계를 다루는 이론이다.

노동자가 얼마나 착취당하는지는 노동자의 절대적 생활수준에 달려 있지 않다. 노동자가 받는 임금에 견줘 얼마나 많은 잉여가치를 생산하는지에 달려 있다. 고임금 노동자가 저임금 노동자보다 임금 대비 잉여가치의 비율이 더 높다면, 고임금 노동자가 저임금 노동자보다 더 많이 착취당하는 셈이다. 실제로 서구 노동자의 임금이 대체로 더 높은 것은 그들을 재생산하는 데 비용이 더 많이 드는 현실을 반영한다. 그러나 이런 비용 가운데 특히 교육과 직업훈련에 지출되는 비용은 고도로 숙련된 노동자를 만들어 내기 때문에, [서구의] 고숙련 노동자가 제3세계 노동자보다 생산성이 더 높고 착취율도 더 높다.[62]

제3세계 노동자가 서구 노동자보다 더 착취당한다는 노동귀족 이론과 부등가 교환 이론의 핵심 주장을 간단히 검증해 볼 수 있는 방법이 하나 있다. 그 주장이 참이라면, 자본이 부국에서 빈국으로 계속 흘

러갈 것이다. 빈국에서 이윤을 더 많이 얻을 테니 말이다. 그러나 사실, 세계은행이 연구한 결과를 보면, 1965~1983년에 해외직접투자의 3분의 2가 선진국으로 갔고 나머지는 몇몇 신흥공업국으로 갔다. 1980년대에 발생한 부채 위기는 상황을 더 악화시켰다. 선진 자본주의 나라에서 제3세계로 향하는 자본의 흐름은 거의 말라붙었다. 반면 제3세계에서는 자본이 이탈했다. 제3세계 나라들은 빚을 갚아야 했기 때문에, 1980년대 대부분의 시기에 금융 자원은 빈국에서 부국으로 향했다.[63]

시바난단 같은 저술가들이 제국주의가 제3세계 대중에게 강요하는 빈곤과 천대를 부각하며 강하게 비판하는 것은 절대적으로 옳다. 그렇지만 시바난단은 두 가지 점에서 잘못된 경제학 이론을 근거로 다음과 같이 주장한다. "착취의 칼끝은 제3세계의 저발전 국가들로 향했고, … 그곳에서 자본은 주변부 노동자들에게 재생산을 할 만한 생활임금을 지급할 필요가 없다."[64] 그러나 현실의 사태 전개는 그의 주장과는 다른데, 앞에서 언급했듯이, 서구 자본가들의 투자처는 계속해서 서유럽, 북미, 일본 같은 중심부에 집중돼 있기 때문이다. 게다가, 시바난단은 부국의 자본가든 빈국의 자본가든 임금을 삭감하고 노동시간을 늘려서 현재 고용된 노동자를 더욱 쥐어짜는 방식으로 이윤을 늘리려 한다는 것은 잘 지적했지만, 제3세계의 일각에서 진척된 산업화가 초래한 변화는 보지 못한다. 동아시아와 라틴아메리카 신흥공업국의 등장과 성장은 그곳들에 교육 수준과 기술 수준이 비교적 높은 노동계급이 형성되는 것에 기초를 뒀고, 그 노동계급은 최근 몇 년 동안 조직돼서 착취자들에게서 정치적·사회적 개혁을 얻어 낼 수 있었다. 대표 사례가 남아프리카공화국이다. 남아프리카공화국 흑인 노동계급은 인종격리정책이 낳은 아주 지독한 고통과 차별 속에서도, 아프리카 역사상 가장 강력한 노동운동인 남아공노총COSATU을 건설할 수 있었다.[65] 부르주아지는 자신의 무덤을 파는 사람들인 노동계급을 계속해서 창출해 낸다. 제3세계에서 태어난 신생 노동운동은 서구의 형제자매와 (그들이 흑인이든 백인이든) 똑같이 자본주의를 타도할 이해관계가 있다.

마르크스주의자들이 백인 노동자가 인종차별에서 이득을 보지 않는다고 주장하는 근본적 이유는 인종차별이 노동계급을 분열시켜서 흑인 노동자는 물론이고 백인 노동자도 약화시키기 때문이다. 마르크스주의의 주장과 백인 노동자가 인종차별에서 이득을 본다는 주장 중 무엇이 옳은지 마르크스주의적 사회학자 앨 시맨스키가 미국 사회에 적용해 검증해 봤다. 시맨스키는 미국 50개 주州의 백인 노동자와 흑인 노동자의 처지를 비교했다. 시맨스키가 알아낸 사실은, 첫째 "백인 소득 대비 흑인 소득 비율이 높은 지역일수록 백인 소득이 미국의 다른 지역 백인 소득보다 높다"는 것이다. 백인 노동자 임금과 흑인 노동자 임금의 격차가 작을수록 백인 노동자의 형편이 좋은 현상은 '제3세계' 출신자(즉 흑인, 라틴아메리카계, 아시아계, 아메리카 원주민)가 전체 인구의 적어도 12퍼센트를 차지하는 주, "즉, 제3세계 출신자가 겪는 경제적 차별이 백인의 소득에 상당한 영향을 끼칠 수 있는 주"에서 더 분명하게 나타났다.

시맨스키가 알아낸 둘째 사실은 "제3세계 출신자의

인구 비중이 높은 주일수록 백인들 사이 불평등도 심하다"는 것이다. 그는 다음과 같이 결론지었다. "비교적 가난한 백인 노동자는 제3세계 출신자가 겪는 경제적 차별의 악영향을 소득이 높은 백인보다 더 크게 받는다." 그러므로 "백인 노동자는 사실 인종적 차별에서 경제적으로 손해를 보는 듯하다. 이 연구 결과는 경제적 차별과 백인의 이득 사이의 관계에 대한 마르크스주의의 이론을 뒷받침하는 듯하다." 시맨스키가 이 가설을 뒷받침하는 증거로서 알아낸 셋째 사실은 다음과 같다. "인종에 따른 차별이 심할수록 백인의 소득이 줄어든다. 노동계급 연대라는 매개변수 때문이다. 다른 말로 해서, 인종차별은 백인 노동자에게 경제적으로 불리하다. 인종차별이 흑인 노동자와 백인 노동자의 단결을 해쳐서 노동조합을 약화시키기 때문이다."[66]

시맨스키의 연구 결과를 보면 인종차별이 백인 노동자의 이익에 어긋난다는 사실, 그 이익을 물질적 이익으로 아주 협소하게 보더라도 그렇다는 사실을 알 수 있다. 이 사실은 인종차별이 자본주의의 유지에 일조하고 그럼으로써 백인 노동자와 흑인 노동자 둘 다에 대한 착취가 계속될 수 있게 한다는 더 폭넓은 주장의 한 단면을 확인해 준다. 백인 노동자가 인종차별사상을 받아들이는 것은 인종차별에서 이득을 보기 때문이 아니다. 노동시장에서 여러 노동자 집단이 서로 경쟁하는 현실이 분열을 낳고 자본가들이 의식적·무의식적으로 그 분열을 최대한 키우려고 애쓰기 때문이다. 인종차별에서 백인 노동자가 얻는 것이라고는 우월한 인종에 속한다는 가상의 위안뿐인데, 이는 백인 노동자가 자신의 진정한 이해관계를 보지 못하게 눈을 가린다. 이런 분석은 백인 노동자가 어떻게 인종차별의 영향력에서 벗어날 수 있는지 그 단서를 알려준다. 바로 계급투쟁이다. 계급투쟁은 백인 노동자로 하여금 사용자에 맞서 싸우게 하고 흑인 형제자매와 단결하게 한다.

이와 달리 백인 자유주의자와 흑인 민족주의자는 대다수 흑인이 백인 노동자 대중과 확연히 구분되는 '최하층 계급'을 이룬다고 여긴다. 흑인이 계급 구조의 어디에 속하는지에 대한 이런 관점은 흔히 전향한 옛 마르크스주의자(또는 자칭 "포스트마르크스주의자")가 내놓은 요즘 유행하는 이론의 뒷받침을 받는다. 많은 사람들이 받아들이는 그 이론의 주장인즉, 자본주의가 철저하게 바뀌어서 자본 대 노동이라는 계급 적대는 해소돼서 옛일이 됐고 그 자리에 훨씬 더 복잡하게 쪼개진 사회가 들어섰다는 것이다. 시바난단은 이 이론을 매우 격하게 비판했다. 그렇기 때문에 그가 이 이론의 핵심 요소를 받아들이는 것은 의아한 일이다. 그 요소란 대량생산 공업과 그것이 의존하던 노동계급이 해체되고 "포스트포드주의" 경제가 생겨났다는 생각이다. 시바난단은 이런 변화 때문에 저항의 중심이 "주변부 노동자, 가내 노동자, 임시직 노동자, 기간제 노동자, 시간제 노동자" 등 착취의 칼날을 온몸으로 받고 있는 새로운 "최하층 계급"에게로 옮겨 갔다고 주장한다. 그런데 "새로운 생산력은 그 노동계급의 힘을 마지막 한 조각까지 흐트러뜨리고 소진시켰다"고 한다.[67] 시바난단이 여전히 자본주의에 대항하기를 바란다는 점을 보건대 이는 너무도 비관적인 분석이다. 그러나 이는 완전히 틀린 분석이다. 내가 다른 책에서 보여 줬듯이, 자본주의가 "유연한 축적"을 하는 "포스트포드주의" 단계로 들어서서 대량생산 공업에 더는 의존하지 않는다는 관념 일체가 전혀 타당성이 없다.[68]

특히, 최하층 계급 운운하는 주장은 제한적 추세를 심하게 과장한다. 예컨대, 영국에서 시간제로 일하는 피고용인이나 자영업자가 전체 노동인구에서 차지하는 비율은 1984년 21퍼센트에서 1991년 22퍼센트로 약간 증가했을 뿐이다(같은 기간 여성 시간제 종사자는 소폭 감소했다). 기간제 일자리 종사자의 비율은 1984년에 5.7퍼센트, 1991년에 5.8퍼센트였다.[69] 게다가 최하층 계급이라는 개념은 선진국에 사는 흑인의 경제적 지위가 대체로 주변적이라고 시사한다는 점에서 완전히 현실을 호도한다.

1980년 [미국의 사회학자] 에릭 올린 라이트는 마르크스주의 관점으로 미국의 계급 구조를 분석하는 대규모 연구를 총괄했다. 그 결과를 보면, 흑인은 무려 74.5퍼센트가 노동자인 반면 백인은 49.7퍼센트가 노동자였다. 흥미롭게도, 흑인 전체의 15.4퍼센트와 흑인 남성의 21.4퍼센트가 숙련 노동자였다(이 비율은 백인 전체에서는 12.4퍼센트, 백인 남성에서는 16.7퍼센트였다).[70]

미국의 다른 자료를 더 보면, 이 그림을 완성할 수 있다. 노조 조직률 수준이 사실은 백인 노동자보다 흑인 노동자가 더 높다. 흑인 남성 노동자는 24.4퍼센트가 노동조합원인데, 백인 남성 노동자는 겨우 18.8퍼센트가 노동조합원이다. 이와 비슷하게, 흑인 여성 노동자는 18퍼센트가 노동조합원이고 백인 여성 노동자는 11.7퍼센트가 노동조합원이다. [물론] 흑인은 일자리가 없을 가능성이 백인보다 높다. 1960년대 흑인 실업률은 평균적으로 백인의 2.06배였고 1970년대에는 2.01배였고 1980년대에는 2.37배였다. 그런데 이 수치는 비례 감각 있게 봐야 한다. 지난 30년 동안 실업률이 가장 높았던 해인 1983년에 흑인의 실업률은 19.5퍼센트였다. 이는 엄청나게 높은 수치지만(그리고 흑인 실업률은 로스앤젤레스 중남부의 청년 남성처럼 특정 지역 특정 집단 사이에서 훨씬 더 높았다), 흑인의 다수는 여전히 고용돼 있었다. 즉, 최하층 계급 이

론의 가정과 달리 흑인은 경제생활에서 배제된 처지가 아니었다.[71]

영국의 계급 구조에 관해서는 아직 이만큼 철저한 연구가 이뤄지지 않았다. 그러나 "1991년 노동인구조사"의 실업률 수치는 시사적이다(표1). 흑인의 평균 실업률은 15퍼센트로, 백인(8퍼센트)의 거의 2배였다. 이는 인종차별의 효과가 무엇인지 명확하게 보여 주는 증거다. 흑인은 일자리가 없을 가능성이 백인보다 높은 것이다. 그렇지만 흑인의 압도 다수는 임금노동자로 고용돼 있고, 백인 형제자매와 함께 노동계급의 일부를 구성하고 있다.

그렇다고 내 주장을 오해하지 않았으면 한다. 선진 자본주의 세계의 도시 곳곳에는 실업, 빈곤, 고된 비정규 노동이 심각하게 집중된 흑인 거주지가 있다. 그곳에서는 착취와 차별이 서로서로 강화해 주면서 끔찍한 결과를 낳고 있다. 그러나 이런 현실이 있다고 해서 흑인이 모두 경제적으로 주변적 지위에 있는 것은 아니다. 앞에서 살펴봤듯이, 흑인의 다수는 임금노동자다. 게다가 그들의 동료인 백인 노동자는 흑인 천대와 차별에서 이득을 보지 않는다. 그와 정반대로 흑인 차별은 노동계급을 분열시키고 약화시키는 데 일조한다. 그러므로 백인 노동자는 인종차별을 뿌리 뽑는 데 흑인 노동자 못지않은 이해관계가 있다.

표1. 인종과 성에 따른 영국의 실업률(1991년 봄, 퍼센트)

	전체	남성	여성
경제활동인구 전체	8.3	9.1	7.3
백인	8	9	7
소수 인종 전체	15	16	14
서인도제도계/가이아나계	15	18	12
인도계	12	12	11
파키스탄계/방글라데시계	25	25	24
기타 인종	14	14	14

출처: M Naylor and E Purdie, "Results of the 1991 Labour Force Survey", *Employment Gazette*, April 1992, Table 20.

7장
흑인 공동체와 계급

지금까지 흑인 노동자와 백인 노동자의 물질적 조건과 이해관계에 관한 주장들을 살펴봤다. 흑인 민족주의는 흑인 공동체를 인종차별 반대 투쟁의 주된 행위자로 보는 경향이 있다. 시바난단이 보기에 흑인 공동체는 흑인 "최하층 계급"이 오늘날 자본에 대항하는 싸움의 주된 책무를 짊어진 투쟁 속에서 구축한 "저항의 공동체"다.[72] 그런 공동체를 창조하는 데서 중심 구실을 하는 것은 문화라고 한다. 폴 길로이는 다음과 같이 주장했다. "'인종'·공동체·지역을 통해 나타나는 집단적 정체성은, 그 자생성에도 불구하고, 행동을 조율하고 연대를 형성하는 데 사용하는 강력한 수단이다."[73]

이렇게 문화를 강조하는 것이 완전히 틀린 것은 아니다. 예를 들어, "아프리카 중심적" 역사를 발전시키려는 노력, 즉 서구의 식민 지배를 받기 전 아프리카 사회가 이룬 성과를 발굴하고 수 세기에 걸쳐 서구 제국주의와 인종차별에 맞서 싸운 흑인의 영웅적 투쟁을 연구하는 것은 흑인의 자긍심을 일깨워 현재 벌어지는 정치 운동에 강력하게 영향을 미칠 중요한 원천이 될 수 있다. 예를 들어, 세드릭 로빈슨이 쓴《흑인 마르크스주의》의 진정한 가치는 그 책이 그런 연구와 발굴을 하는 과정에 큰 기여를 한다는 점이다. 그러나 인종차별 반대 투쟁의 토대를 저항 문화로 뭉친 흑인 공동체라는 사상에 두는 것은 엄청난 위험을 동반한다. [첫째,] 선진 자본주의 나라에서 흑인 인구는 딱 봐도 소수다. 미국은 12퍼센트, 영국은 5퍼센트다. 흑인 민족주의 운동 역사 전체에서 가장 위대하고 영웅적인 투쟁이었고 1960년대 미국의 위대한 빈민가 반란에서 탄생한 '블랙파워' 운동이 패배한 주된 요인은 흑인 해방 운동을 착취에 맞선 백인 노동자들의 투쟁과 연결하지 못한 것이다. 블랙파워 운동에서 가장 선진 부위였던 맬컴 엑스와 흑표범당도 마찬가지였다. 그 덕분에 지배계급은 흑인 급진파를 고립시켜서 결국 파괴할 수 있었다. 그 운동의 최상의 지도자들이 살해되거나 수감됐다.[74]

둘째, 흑인 공동체를 중시하는 전략은 그 '공동체' 안에 존재하는 계급적 적대를 가린다. 미국의 경험이 아주 잘 보여 준다. 흑인 급진파 이론가로서 영향력이 상당한 매닝 매러블은 다음의 현상을 목격했다. "소수자 우대 정책과 평등권 운동은 중간계급 아프리카계 미국인의 잠재적 기반을 확장했을 뿐이다. … 1989년에 아프리카계 미국인 가구 일곱 중 하나는 연소득이 5만 달러 이상이었다. 이와 달리 흑인 가구의 평균 연소득은 2만 2000달러도 안 됐다." 흑인 사이에서 계급적 분화가 일어나면서 흑인 정치인들이 부상했고, 이제 그들은 대체로 미국의 여러 시市 정부를 운영한다. 매러블은 다음과 같이 고백한다. "많은 아프리카계나 라틴아메리카계 정치인들 사이에서 사상적 전환이 일어날 줄은 몰랐다. 그 정치인들은 같은 인종의 연대를 주장하면서 소수자 유권자들의 표를 확실히 챙긴다. 그러나 공공정책, 특히 경제정책에 대한 그들의 입장은 점점 더 온건하고 보수적으로 변했다."[75] [1992년] 로스앤젤레스 반란에서 드러났듯이, 흑인 정치인들은 (여전히 백인이 대부분을 차지하는) 지배계급의 지역 책임자가 돼 있었고 자기에게 투표해 준 유권자들에 대항해서 인종차별적 체제를 수호했다.

셋째, 저항 문화의 발전을 주로 강조하는 길로이 같은 이론가들은 그 문화가 흑인을 결속하기보다 분열시킬 수 있다는 사실을 보지 않으려 한다. 전통을 발굴하자거나 전통으로 돌아가자는 주장은 흑인* 중 특정 집단에게만 호소력이 있다. 예컨대, 많은 아시아인은 아프리카 중심적 역사가 쓸모없다고 여길 수 있다. 영국에 거주하는 [남]아시아계 청년 사이에서 이슬람에 대한 관심이 다시 커지면, 백인 노동자는 말할 것도 없고 다른 흑인과도 선이 그어질 수 있다. 1980년

---

* 지은이가 머리말에서 밝혔듯이 "'흑인'이라는 단어는 … 영국에서는 아프리카계뿐 아니라 아프리카계 카리브해인과 [남]아시아인도 지칭한다."

대 초에 '뉴엄 감시 활동'과 '인종차별·파시즘 반대 운동'은 런던광역시의회 등 노동당 좌파가 이끌던 런던 내 지자체가 시행한 인종차별 반대 정책을 논의하면서 저항 문화와 관련이 깊은 문제를 다뤘다.

> 지자체의 재정 지원 정책은, 지금까지 지자체 정책에서 배제돼 있으면서 사회주의 운동을 구축한 이 단체들이 힘을 합치는 것이 아니라 실제로는 서로 경쟁하는 관계가 되게 만들었다. 재정 지원은 흑인 공동체 안에서 아시아계와 아프리카계와 카리브해계의 차이가 불거지게 만들었다. 심지어는 같은 계통의 단체들 사이도 갈라놓았다. 적어도 최근 10년 동안 정치적 차원의 흑인 투쟁들이 꽤 크게 벌어져 왔는데도, 지자체의 재정 지원 정책은 문화적 성격이 강하고 정치적 성격은 약한 단체를 장려하는 경향이 있었다. 게다가 지자체 재정 지원 정책은 '민족성'을 강조함으로써, 사회운동을 벌이는 단체보다 종교적·문화적 단체를 장려하는 경향도 있었다.[76]

이런 긴장은 1980년대 이른바 '정체성 정치'가 떠오

르며 생긴 일의 한 사례다. [당시에는] 차별에 맞선 투쟁이 거대한 규모로 벌어지지 않자 차별받는 사람들 자신이 더 작은 집단으로 쪼개지면서 각자의 독특한 '정체성'을, 즉 다른 집단이 겪는 차별에 견줘 자신들이 겪는 차별이 무엇이 특별한지를 강조하는 경향이 있었다. 아프리카계 흑인 대 아시아계 흑인, 흑인 여성 대 비유대인 백인 여성 대 유대인 백인 여성, 게이 대 레즈비언 대 양성애자 등등. 이런 파편화는 온갖 차별을 낳는 체제에 대항할 현실의 투쟁을 모두 약화시킬 뿐이다. 물론 문화를 강조한다고 해서 꼭 이런 효과를 내는 것은 아니다. 진정한 저항 문화는 서로 배제하고 분열하는 것이 아니라 서로 포용하고 단결할 때 생길 수 있다. 그런데 왜 그런 문화가 흑인에게만 국한돼야 할까? 1970년대 말에 개최된 '인종차별에 반대하는 로큰롤'에서처럼 백인과 흑인이 공동의 투쟁 속에서 단결하면 왜 안 된다는 것일까? 사실, 로스앤젤레스 반란을 미국 "현대사 최초의 다인종 폭동"이라고 부른 [미국의 마르크스주의 사회학자] 마이크 데이비스는 당시에 "흑인 청년 문화와 라틴아메리카계 청년 문화의

광범한 접속"을 형성하는 데서 랩 음악이 도움이 됐다고 주장한다.[77]

8장

1992년 로스앤젤레스: 인종 폭동이 아니라 계급 반란

로스앤젤레스 반란은 자세히 들여다보며 분석할 가치가 있다. 그 규모가 크기 때문만은 아니다(물론 이 반란은 1863년 7월에 일어난 뉴욕 징병 거부 폭동 이래 미국에서 가장 큰 규모로 벌어진 도시 격변으로 이 과정에서 53명이 죽고 10억 달러 상당의 부가 파괴됐다). 미국 사회의 근본적 분단선이 인종이 아니라 계급에 따라 그어져 있음을 보여 주기 때문이다.[78]

물론 이 반란의 중심에 인종 문제가 있었다는 점은 어떤 의미에서 분명하다. 무엇보다, 이 반란의 계기가 된 사건은 1992년 4월 29일에 백인[이 압도 다수인] 배심원단이 흑인 운전자 로드니 킹을 구타한 백인 경찰관

4명에게 무죄를 평결한 일이다(이 장면은 영상으로 촬영됐다). 이 사건은 미국 사회에 고질적으로 나타나는 인종 불평등을 두드러지게 보여 줬다. 반란이 일어난 핵심 장소는 로스앤젤레스 중남부였는데, 이는 우연한 일이 아니었다. 그 지역은 흑인 주민들이 일하던 중공업이 쇠퇴해서 경제적으로 큰 타격을 입었고, 그 [경제적] 공백을 메운 마약 거래 시장을 놓고 조직폭력배들끼리 싸움이 벌어져 주민들이 엄청난 충격을 받았고, 로스앤젤레스경찰청의 "망치 작전"(중무장한 경찰이 흑인 밀집 거주지를 여러 차례 휩쓸고 다니면서 그 지역 청년 수천 명을 별일 아닌 혐의로 체포했다)이 집중적으로 벌어진 지역이다.[79]

그렇지만, 라틴아메리카계 시인 루이스 로드리게스는 다음과 같이 옳게 주장했다. "우리 귓속으로 '인종'이라는 말이 계속 주입되지만, 여기서 쟁점은 계급이다."[80]

여러 면에서 이 사실을 확인할 수 있다. 첫째, 로스앤젤레스 반란에는 여러 인종이 참여했다. 민주당 캘리포니아 지부의 지도자이고 주의회 의장이고 흑인

인 윌리 브라운은 다음과 같이 시인했다. "폭력 행위는 도심에서만 발생하는 것이 아니다. 한적한 부자 동네로까지 퍼졌다. … 미국 역사상 처음으로, 온갖 시위와 폭력 행위와 범죄에, 무엇보다 약탈에 여러 인종이 가담했다. 흑인, 백인, 라틴아메리카계, 아시아계가 모두 가담했다."[81] 반란 초기에 체포된 시위대 5000명 중 52퍼센트는 라틴아메리카계였고, 10퍼센트는 백인이었다. 38퍼센트만이 흑인이었다.[82]

이 반란에 여러 인종이 참여한 것은 레이거노믹스와 1990년에 시작한 경기 침체의 영향이었다.(레이거노믹스는 1980년대에 레이건 정부와 부시 정부가 펼친 경제정책으로, 부와 소득을 가난한 사람들에게서 부유한 사람들에게로 이전시키려 한 체계적 시도였다. 그 결과 실질임금이 하락해, 물가인상률을 고려한 노동자 1인당 1주일 소득이 1972년 366달러에서 1977년 312달러로 떨어졌다. 한때 호황을 겪던 캘리포니아 경제는 1990년 침체에서 특히나 큰 타격을 입었다.)[83]

계급은 흑인 노동계급이 다른 인종 노동계급과 단결하게 했을 뿐 아니라, 흑인 중간계급(로스앤젤레스 등 여러 미국 대도시 정부에 참여한)과는 분열하게 했다. 로스앤젤레스 시장 톰 브래들리와 신임 경찰청장 윌리 윌리엄스, 미국 합동참모본부 의장 콜린 파월(반란 진압을 위해 연방군 파견을 명령했다)이 모두 흑인이었다. 최근 몇 년 동안 인종 문제가 심각했던 뉴욕에서는 시위가 분출하지 않았는데(물론 로스앤젤레스 반란이 뉴욕으로도 번질까 봐 두려움에 빠진 일부 사람들이 1992년 5월 1일에 공황 상태에 빠져 맨해튼에서 대거 탈주했지만), 이는 [흑인] 뉴욕 시장 데이비드 딩킨스가 앨 샤프턴 목사 같은 더 급진적인 흑인 정치인과 동맹을 맺고 중재한 덕분이었다.

그런데도 로스앤젤레스 반란을 다루는 언론 보도는 하나같이 약탈자들과 한국인 상인들의 대결에 주목했다. 이 갈등은 미국이 서로 전쟁을 벌이는 여러 인종으로 이뤄진 사회라는 이미지를 강화하는 데 쉽게 이용됐다(사실 이런 이미지는 이미 1980년대에도 톰 울프의 소설 《허영의 불꽃The Bonfire for the Vanities》이나 스파이크 리의 영화 등 영향력이 아주 큰 작품들을 통해 널리 퍼졌다).

한인 상인들의 곤경을 다룬 언론 보도 일부는 심각하게 왜곡된 것이었다. 첫째, 한인 상인들과 갈등을 겪은 것은 흑인들이라기보다는 로스앤젤레스의 가난한 노동자들이었다. [사회학 교수이자 언론인인] 피터 퀑이 지적했듯이, "한인 재산에 가장 심각한 피해가 발생한 곳은 … 아프리카계 미국인들이 사는 로스앤젤레스 중남부 지역이 아니었다. 로스앤젤레스의 한인 상점 가운데 단지 9퍼센트만이 중남부 지역에 있다. 가장 심각한 피해는 로스앤젤레스 중남부의 북쪽에 있는 코리아타운에서 일어났다. 그곳은 가난한 라틴아메리카계가 많이 거주하는 지역이다."[84]

게다가 한인 상인들은 로스앤젤레스의 계급 구조에서 독특한 지위를 점하고 있다. 퀑은 다음과 같이 설명한다.

> 모국의 정치 불안정과 높은 실업률에서 빠져나오기를 갈망한 한국의 전문직들이 1970년대에 대거 유입됐다. 그들은 교육도 잘 받았고 저축한 돈도 있었고 군사훈련도 받았고(한국은 2년 동안의 병역을 마치지 않은 사

람은 다른 나라로 이민을 가지 못한다) 기꺼이 고된 일을 할 태세도 돼 있었다. 이 스스로 선택한 자본가들은 로스앤젤레스 남부를 디딤돌로 삼아서 아메리칸드림을 실현하려 했다. 자신보다 먼저 미국으로 건너와서 이미 '성공'해 부유한 백인 동네 근처에 살면서 벤츠를 모는 사람들처럼 될 수 있으리라고 여겼다. 시간이 조금 흐르면 돈이 모여서 빈민가에서 수익성이 더 좋은 백인 지역으로 사업을 옮길 수 있으리라고 여겼다.

로스앤젤레스 남부의 한인 사업가는 주로 식료품점, 주류 판매점, 벼룩시장 가판을 운영했다. 이는 이 지역 시스템의 필요에 딱 적합했다. 빈민가 주민은 가난했지만, 그렇다고 해서 [기업들이] 그곳에서 돈을 벌지 못하는 것은 아니었다. 이 새로운 사업가들은 주류업체 브라운포먼, 담배 회사 RJ레이놀즈, 식품 기업 제너럴푸즈, 음료 기업 코카콜라 같은 기업이 빈민가 영업을 하는 데서 꼭 필요한 소매상이었다. 또, 한인 사업가는 가난한 주민들이 핵심적 경제활동을 할 공간을 제공했고, 대체로 유대인이 영업하다가 오래전에 떠난 지역에 필수품을 공급했다. 무엇보다 그들은 백인들에게 위협이 되지 않았다. 미국이 오랜 경기 침체를 겪으며 대기업들이 피고용인들을 해고하는 동안에, 소규모 상점은 새로운 일자리를 제공하는 주요 원천이 됐는데, 그중 상당수가 아시아계 이민자들이 차린 것이었다. 로스앤젤레스카운티에 있는 소매점 가운데 38퍼센트 정도가 한인 소유고, 지난 2년 동안 로스앤젤레스에 있는 한국계 미국인의 상점은 족히 27퍼센트 성장했다. 한인 공동체는 결속력이 높아서 그들이 종잣돈을 모으기가 조금은 유리했다. 그러나 그들이 백인 은행에게서 후한 대접을 받은 것은 아니다(이 동네 사람 몇몇은 그렇게 여기지만 말이다). 한국계 미국인 대다수는 한두 가지 방법으로 자본을 마련했다. 하나는 동시에 여러 일자리를 얻어서 하루에 16시간 이상 일하는 것이다. … 다른 하나는 '계'라고 하는 저축 모임에 들어가는 것이다. 계에는 수십 가정이 참여해서 1년에 500~1000달러를 붓는다. 해마다 (추첨으로 뽑힌) 한 가정이 그 돈을 받아서 사업을 시작한다.[85]

한인 상인들은 가난한 흑인과 라틴아메리카계 주

민의 주된 착취자는 아니다. 예를 들어, 로스앤젤레스 중남부 북쪽의 라틴아메리카계 밀집 구역에서 터무니없이 높은 임대료를 받아 막대한 이윤을 얻는 악덕 집주인은 대부분 백인이다. 그러나 아시아계 상인들은 흑인과 라틴아메리카계 대중이 겪는 빈곤과 천대에 책임이 있는 체제의 대변자들로서 유일하게 눈앞에 있고 직접 대거리를 할 수 있는 존재였다. 마이크 데이비스는 아시아계 상인을 일컬어, "가난한 라틴아메리카계와 흑인의 켜켜이 쌓인 불만을 한 몸에 받는 피뢰침"이라고 부른다.[86] 한인 상인들이 공격 대상이 된 특수한 이유도 있었다. 한인 상인들이 바가지를 씌우는 것에 대한 불만, 15세 흑인 소녀 라타샤 할린스가 1.79달러짜리 오렌지 주스 한 병을 [훔쳤다는 오인을] 둘러싼 실랑이 끝에 한인 상인에게 총격을 받아 숨진 일에 대한 분노가 그것이다. 데이비스는 반란이 시작된 4월 29일의 사흘 전에 휴전협정을 맺은 유명 흑인 조직폭력배 크립스와 블러즈가 의도적 정치 전략의 일환으로 로스앤젤레스 중남부의 한인 상점들을 공격한 것일 수 있다고 시사한다(이곳 한인 상점은 반란이 일어난 지 이틀 만에 90퍼센트가 파괴됐다).

> 나는 다음과 같이 적힌 낙서를 로스앤젤레스 중남부에서 봤다. "첫째 날, 그들을 싹쓸이한다. 둘째 날, 우리가 재건한다." 크립스와 블러즈의 조직원 대다수가 인정하는 유일한 전국적 [정치·종교] 지도자는 루이스 패러칸인데, 흑인의 경제적 자결을 이룬다는 그의 목표는 광범하게 받아들여진다. … 잉글우드[로스앤젤레스카운티 남서부 도시] 조직폭력배들의 수뇌 회담이 5월 5일에 열렸는데, 이 회담에서는 한인 사업을 잿더미로 만들고 그 위에 흑인 자본주의를 부활시키자는 얘기가 반복해서 나왔다. 크립스의 조직원이었던 사람은 나중에 내게 다음과 같이 말했다. "결국 우리는 흑인 공동체는 불태우지 않았다. 오로지 그들[한인]의 상점만 불태웠다."[87]

이처럼 한인 상인과 가난한 흑인·라틴아메리카계의 갈등은 근본적 계급 적대가 문제의 원흉이 아닌 엉뚱한 대상으로 비껴가 일어난 일이었다. 그 문제의 원흉은 캘리포니아주 남부 경제를 지배하는 국내외

대기업인데, 그에 대한 분노가 자본과 노동 대중 사이에 낀 중개인 계층으로 향한 것이다. 매닝 매러블은 다음과 같이 지적한다.

> 흑인 청년들은 흑인 공동체에 대한 자본 투자를 기피하고 은행과 금융기관을 주무르고 흑인과 라틴아메리카계에 대한 경찰 폭력을 저지르는 세력은 한국계 미국인 상인들이 아님을 알아야 한다. 한인 상인들에 대한 불만 중에는 정당한 것도 있을 것이다. 그렇지만 그렇게 잘못 향한 분노는 인종적·계급적 차별에 대항하는 단결된 대응을 사실상 불가능하게 만든다.[88]

이 문제는 단지 로스앤젤레스 반란에만 해당하는 것이 아니다. 지난 한 세대 동안 어마어마한 수준으로 이민이 일어났고, 그 결과 선진 자본주의 세계 도처의 도심에는 인종적으로 다양한 배경의 가난한 노동계급 사람들이 함께 사는 동네가 생겨났다. 특정 인종 집단이 노동시장의 특정 부분을 차지하는 일은 흔하다. 때로는 특정 집단의 구성원들이 로스앤젤레스 한인 상인처럼 중개인 구실을 맡기도 한다(영국의 여러 도시에서는 아시아계 상인이 그런 구실을 한다). 이런 조건에서는 차별받는 집단 내에서 서로 다른 인종 사이에 갈등이 일어날 가능성이 있다. 그런 갈등이 일어나면 공격이 주적主敵을 비껴가게 된다. 인종이 아니라 계급을 출발점으로 삼는 전략만이 차별받는 집단의 단결에 필수적인 토대를 놓을 수 있다.

9장
인종차별과 계급투쟁

로스앤젤레스 반란의 한계는 [미국 사회주의자] 리 서스타의 말대로 "극도로 보수적인 시기 뒤에" 느닷없이 벌어진 운동이었다는 사실에서 비롯한 측면이 크다(이와 달리 1960년대에 벌어진 위대한 빈민가 항쟁은 당시 미국 남부에서 벌어지던 흑인 평등권 운동이 낳은 급진화를 표현했다). 서스타는 1992년 로스앤젤레스 반란을 "분노는 가득하지만 정치적으로는 미숙한 체제 거부 행동"이라고 부른다.[89] 그렇다고 해서 로스앤젤레스 반란의 독특함, 즉 1964년 할렘, 1965년 와츠, 1967년 뉴어크와 디트로이트 같은 이전의 항쟁과 달리 인종의 경계를 뛰어넘어 벌어진 운동이라는 점이 의미 없어지는 것은 아니다. 이 점에서 로스앤젤레스 반란과 가장 비슷한 사례는 1981년 영국의 여러 도시에서 벌어진 소요 사태들이다. 당시에 [영국 사회주의자] 크리스 하먼이 지적했듯이, 영국의 소요 사태들은 대체로 경찰의 인종차별이 계기가 돼서 벌어졌지만, "거의 모두 백인이 상당히 많이 참여했고, 좌파만이 아니라 백인 노동계급 청년도 많이 참여했다."[90] 그 소요 사태들에서 체포된 사람은 67퍼센트가 백인, 20퍼센트가 서인도제도계와 아프리카계, 5퍼센트가 아시아계였다.[91] 당시 영국에서 벌어진 소요 사태들은 로스앤젤레스 반란과 마찬가지로, 인종적 폭동이 아니라 계급적 반란이었다. 영국의 소요 사태에서 흑인·백인 청년은 (흑인이 주된 타깃인) 경찰의 괴롭힘 같은 특수한 문제에도 불만을 표출했고 실업 같은 공통의 문제에도 항의했다.

흑인 급진파들은 이런 반란이 긴 역사, 즉 흑인과 백인을 한데 결속한 노동계급 투쟁의 역사의 일부라는 점을 대체로 인정하지 않는다. 피터 프라이어는 영국 흑인의 역사를 다룬 매우 훌륭하고 감동적인 책을 썼는데, 이 작업이 이룬 위대한 성취 하나는 토머스

스펜스를* 따른 윌리엄 데이비드슨이나** 차티스트운동의 지도자 윌리엄 커페이*** 등 흑인 급진파 인물들이 19세기 초에 벌어진 위대한 혁명적 노동자 운동에 기여한 바를 발굴해 낸 것이다. 당시 흑인 급진파가 노동자 운동에 참여한 것은, 영국 제국 내에서 노예제를 폐지하라는 요구(이 요구는 1830년대에 성취된다)가 대중적 지지를 받았고, 이는 주로 영국 본토의 권력층에 반대하며 흑인 해방 투쟁과 연계를 맺고 있던 노동계급 급진파 덕분이었다는 사실을 반영하는 일이다.[92]

미국에서는 대중적 노동자 조직이 급성장할 때마다 흑인 노동자와 백인 노동자가 인종 간 장벽을 뛰어넘어 한데 결집했다. 미국 남북전쟁 와중인 1863년 7월

---

* 토머스 스펜스(1750~1814) 사유재산이 사회악의 근원이라고 주장한 영국의 급진파 혁명가.

** 윌리엄 데이비드슨(1781~1820) 자메이카에서 태어나 영국에서 활동한 혁명가. 노예무역을 반대했고 1820년 케이토가 음모 사건에 가담한 혐의로 공개 처형당했다.

*** 윌리엄 커페이(1788~1870) 차티스트운동(보통선거권 등을 요구한 최초의 노동계급 대중운동)의 급진파 지도자로 런던 차티스트운동 의장을 지냈다. 운동이 패배한 뒤 호주로 유배됐다.

뉴욕에서 진정한 의미의 거대한 인종 폭동이 벌어졌다. 아일랜드계 이주 노동자들이 징병을 거부하며 거세게 들고일어났다. 그들은 그 과정에서 105명을 살해했는데, 그중 대다수는 흑인이었다.* 그러나 급진적 재건 운동(1860년대 말 공화당 내 좌파의 운동으로, 남북전쟁에서 패배한 남부 주州들에서 진정한 인종 평등을 이루려 애썼다)은 해방된 흑인 노예와 백인 소농·기능공의 연합에 대중적 기반을 뒀다. 이 흑백 연합은 대규모 플랜테이션 농장주라는 공통의 적에 대항해 단결했고, 급진적 토지 재분배를 요구했다.[93]

결국 [급진적] 재건 운동은 패배했고, 그 결과 미국 남부에서는 짐 크로 체제가 들어서서 흑인에게 법률적 평등조차 보장하지 않을 수 있었다. 이런 상황은 1960년대 흑인 평등권 운동이 일어날 때까지 지속했다. [급진적] 재건 운동의 패배는 지배계급이 새로운 적,

* 부자들에게 병역 면제권을 준 것에 대한 분노, 해방된 흑인 노예들이 자신들의 일자리를 빼앗을지 모른다는 두려움이 결합된 폭동이었다.

즉 미국 북부의 산업도시에서 성장하고 있던 노동계급에 맞서려면 똘똘 뭉쳐야 한다고 생각한 것과 관계있었다. 그렇지만 짐 크로 법이 존재하던 시기에조차, 커다란 노동자 운동이 일어날 때면 인종에 따른 분열이 깨지곤 했다. 노동기사단은 전성기인 1886년에 회원이 70만 명이었는데, 그중 6만 명이 흑인이었다. 1886년 5월 1일에 벌어진 위대한 시위, 즉 "노동자 역사 최초의 노동절 집회"에는 미국 전역에서 흑인·백인 노동자 34만 명이 참가해 행진하며 하루 8시간 노동제를 요구했다. 노동기사단과 달리 고임금·숙련직 백인 노동자가 조합원의 압도 다수인 직능 노조 중심의 미국노동총동맹AFL조차 결성 초기에는 흑인을 조직하려 애썼다. 1892년 11월에 발생한 뉴올리언스 총파업에서는 미국노동총동맹의 지도 아래 흑인·백인 노동자 2만 5000명이 나흘간 파업을 벌였다. [노동 역사학자] 필립 포너는 다음과 같이 논평한다.

> 이 파업의 두드러진 특징은 인종 간 연대가 강하게 나타났다는 것이다. 미국 최남단 지역 노동자 수천 명은

흑인과 백인, 숙련직과 미숙련직이 공동의 투쟁 속에서 단결할 수 있음을, 사용자와 그 하수인들이 흑인에 대한 편견을 부추겨 노동자를 분열시키려 애쓰는 것을 극복하고 단결할 수 있음을 보여 줬다.[94]

노동계급이 인종을 가로질러 단결한 사례는 이 밖에도 많다. 이런 사례들은 계급투쟁의 수준이 어떠한지가 인종차별의 영향력을 결정하는 핵심 요인임을 보여 준다는 점에서 중요하다(비록 그 단결이 이따금 오래가지 못하지만 말이다). 일반으로 말해, 계급투쟁의 수위가 높을수록, 노동자의 투쟁성·자신감·조직이 강할수록, 특정 운동에 참여하는 노동자 층이 다양할수록 인종차별이 노동자에게 끼치는 영향력은 약해진다.

런던 항만 노동자들이 딱 좋은 사례다. 어리석게도 1968년 4월에 런던 항만 노동자들은 흑인 유입을 중단시키자는 이넉 파월의 "피의 강물" 연설을* 지지하

---

* 1968년 4월 20일 보수당 의원 이넉 파월은 유명한 인종차별 선

며 하루 파업을 벌이고 의회 건물을 향해 행진했다. 이는 항만업이 쇠퇴하고 있었는데 당시 노동당 정부는 노동자들을 위해 아무것도 하지 않던 상황을 반영하는 일이었다. 절망하고 분노한 노동자들은 파월을 대안으로 여겼다. 그러나 1972년 7월에 이 노동자들은 완전히 달라졌다. 이때 런던 항만 노동자들은 자신들이 스스로 구축한 현장위원* 조직을 기초로 투쟁을 벌였다. 노동자들은 대규모 파업을 벌여 펜턴빌 교도소에 수감된 항만 노동자 5명을 석방하게 만듦으로써 당시 보수당 정부의 노사관계법을 무력화했다. 이 승리로 말미암아 항만 노동자들은 자신감을 얻었고 더 일반적인 계급적 정치도 지지하게 됐다. 5년 뒤인

동 연설을 했다. "옛날 로마인들에게 그랬듯이, 지금 제 눈에는 엄청난 피로 물든 티베르 강이 보이는 듯합니다." 그리스·로마 신화에 따르면, 트로이 전쟁에서 살아남은 아이네아스가 티베르 강가에 도착해 원주민들을 죽이고 건설한 도시가 로마다.

* 현장위원(shop steward) 직장위원, 작업장위원으로도 번역되는 영국 노동조합의 현장 대표자. 한국 금속노조 일부 작업장의 비선출직 현장위원과 달리 보통 조합원 50명당 1명꼴로 직접 선출되며 자기 작업장의 교섭에 참여하는 경우도 많다.

1977년 7월 11일에 [런던 동부에 있는] 로열독스 항만 노동자 5000명(압도 다수가 백인)의 대중적 피케팅 대열 선두에는 현장위원회의 배너가 들려 있었는데, 그 내용은 런던 서부에 있는 그룬윅 노동자(다수가 아시아계) 투쟁을 지지하는 것이었다. 런던 항만 노동자들은 1970년대 말 영국 전역을 휩쓴 파시즘의 급성장에도 대체로 반대했다.

이런 사례들을 보면, 계급투쟁의 수위와 인종차별의 영향력은 반비례 관계임을 알 수 있다. 이 관계의 근저에 놓인 사활적으로 중요한 요인은 노동자들의 자신감이다. 노동계급이 사용자에 맞선 전투를 잘 치르고 있을 때는, 백인 노동자들이 자신들의 이익을 방어하는 자주적 조직을 신뢰할 가능성이 커진다. 자신이 흑인 형제자매와 같은 계급의 일원이라고 여길 가능성도 커진다. 이와 반대로, 노동자 운동이 수세에 몰리고 사용자들이 자기 의지를 관철하는 데 대체로 성공할 때는 노동자들이 계급을 기반으로 한 집단적 조직과 행동을 문제 해결책으로 볼 가능성이 확 낮아진다. 이런 조건에서는 백인 노동자들 사이에서 인종차별주의의 영향력이 커질 수 있다. 그 결과로 심리적 보상을 받을 수 있을 듯이 보이기 때문이다. 그리고 인종차별이 백인 노동자로 하여금 눈앞에 있는 속죄양(즉, 흑인)에게 주목하도록 하는 나름의 처방을 제시하기 때문이기도 하다.

'뉴엄 감시 활동'과 '인종차별·파시즘 반대 운동'이 런던 동부 뉴엄 지역을 연구해 발표한 흥미로운 보고서는 이런 분석이 옳음을 실증적으로 보여 준다. 그 보고서는 1970년대 뉴엄 자치구에서 인종차별이 성장한 과정을 기록한다. 1974년 10월 총선에서 주요 나치 조직인 국민전선NF이 뉴엄 선거구에서 5000표를 얻었고, 이는 전국에서 가장 높은 수치였다. 뉴엄 지역에서 활동하는 흑인 지도자 은메시 데사이는 1980년에 다음과 같이 썼다. "요즘 사람들은 도통 이해할 수 없는 일이겠지만, 흑인에게 리버풀가街 동쪽[뉴엄 방면]은 위험지역으로 여겨졌다." 뉴엄 지역에 인종차별이 확산된 배경에는 이 지역 산업의 쇠퇴(1966~1972년에 [뉴엄구] 캐닝타운의 일자리 4만 개 중 45퍼센트가 사라졌는데, 그중 3분의 1만 다른 일자리로 대체됐다)와

구의회를 운영하던 노동당이 실질적 대안을 전혀 제시하지 못했다는 사정이 있었다.

> 1970년대 중반에 이르자 뉴엄구는 전국에서 가장 방치되고 궁핍한 지역이 됐다. 〈뉴 소사이어티〉(1975년 10월 23일 자)는 욕실이나 실내 화장실이 없는 주택이 런던에서 가장 많은 지역이 뉴엄구라고 보도했다. 출생 전후기 사망률(태아가 사산되거나 신생아가 출생 첫 주에 죽는 비율)과 정신병 환자 비율도 전국 최고였다. 고교생 40명 중 1명만이 종합대학에 진학했고(전국 평균은 40명 중 3명), 10명 중 1명만이 고등교육기관에 진학했다(전국 평균은 거의 4명 중 1명). … 권력이 소수 구의원들의 손에 집중됐고 구청이 사회문제(주택문제만큼 심각한 것이 없다)에 아랫돌 빼서 윗돌 괴는 식으로 대처했기 때문에, 전반적 빈곤과 소득 감소가 더 심각해졌다.[95]

노동당의 지도적 인사들이 공공연하게 인종차별적 태도를 보이기도 했다. "노동당 뉴엄구위원회 모임에서 전 뉴엄구청장이 '검둥이'에 대해 말하기 시작했다. 그것들은 냄새가 지독하고, 그것들의 음식 냄새도 참을 수가 없고, 할 수만 있다면 그것들을 모두 원래 있던 곳으로 되돌려 보내야 한다고 말이다." 바로 이런 조건에서 "백인 노동계급의 상당 부분이 노동당을 버리고 국민전선에 투표했다. 국민전선이 새 집이나 새 일자리를 줄 것 같지도 않고 물질적 조건을 개선해 줄 것 같지도 않았지만, 백인의 자긍심이라는 그들의 메시지는 심금을 울렸다."[96]

1970년대 뉴엄 사례는 1980년대 프랑스에서 [나치 정당인] 국민전선FN이 부상한 일의 축소판이었다. 프랑스에서는 사회민주주의 정부가 10년 넘게 집권했는데 실업률이 대처 치하의 영국보다 높았고 인종차별의 성장에 대처한다면서 이민 규제가 강화됐다. 사정이 이러니, 환멸을 느낀 노동계급 유권자 수백만 명이 개혁주의적 좌파 정당인 사회당과 공산당을 버리고 [국민전선의 대표] 장마리 르펜에게 투표한 것은 놀라운 일이 아니다. 이런 사례들은 경제 사정이 나빠진다고 해서 자동으로 인종차별의 영향력이 강해지는 것은 아니라는 사실을 밝히 보여 준다(혹자는 그렇게 여기지만 말이다). 노동계급 사람들은 자신들의 정치조직이나 노동조합이 어떤 구실을 하는지를 매개로 해서 경제 위기를 경험한다. 개혁주의 조직들이 실업 증가와 생활수준 하락에 맞서 실효성 있는 투쟁을 벌이지 못하는 것이 노동자들로 하여금 인종차별적 사상에 귀를 열게 하는 핵심 요인인 경우가 흔하다.

주관적 요인, 즉 역사의 경로에 영향을 끼치려는 정치조직의 의식적 노력은 인종차별의 확산에 맞서 싸우는 데서도 결정적 구실을 할 수 있다. 1980년대 영국과 프랑스의 상반된 경험이 이 점을 잘 보여 준다. 1991년에 발행된 "뉴엄 연구" 보고서는 다음과 같이 지적한다. "10년 전에 아시아계와 아프리카계 카리브해인이 겪는 인종차별적 괴롭힘의 수준은 뉴엄 전역(남쪽이든 북쪽이든)에서 비슷했다. 그러나 1980년대에 여러 자기방어 운동이 일어나면서 북쪽의 사정은 크게 달라졌다." 이 보고서는 흑인들이 스스로 시작한 자기방어 운동(예를 들어 1980년에 아흐타르 알리 바이그가 파시스트에게 살해된 뒤에 일어난 운동)의 중요성을 강조하지만, 인종차별 반대 백인 활동가들의 기여도 인정한다. 예를 들어, 뉴엄의 노동당 좌파 당원들은 구청의 악독한 인종차별적 관행 일부(흑인은 주택 신청을 하기 전에 먼저 여권을 만들도록 요구하는 것 등)를 바꿔 냈고, 1984년에는 지방정부 가운데 최초로 이웃에게 인종차별적 괴롭힘을 자행한 한 백인 가족을 퇴거시키는 조처를 내리게 만들기도 했다. '뉴엄 감시 활동'의 경험을 돌아보며 은메시 데사이는 다음과 같이 썼다.

> 그 초기 시기에 우리가 배운 또 다른 교훈은 백인 개인들이 아니라 하나의 집단으로서 백인 사회가 문제라는 것이다. 인종차별 반대 운동은 백인 노동계급이 겪는 문제도 말해야 한다. 우리는 그들과 나란히 어울려 살아야 하고 결코 분리될 수 없기 때문이다.[97]

뉴엄의 사정이 바뀐 것은 영국 전역에서 벌어진 일의 일부였다. 그 일의 핵심 특징 하나는 1970년대 말에 국민전선 등 파시스트 조직들이 갑자기 쇠퇴했다는 것이다. 영국의 극우가 당한 이 심각한 패배는 대중적 파시즘 반대 운동인 반나치동맹이 떠오른 것의 직접적 결과였다(반나치동맹은 1978년 사회주의노동자당과 노동당 좌파가 주축이 돼 만든 조직이다). 그런데도 흑인 민족주의자들은 반나치동맹을 자주 공격했다. 예를 들어, 폴 길로이는 다음과 같이 주장한다. "반나치동맹은 … 영국의 나치들은 애국자로서 함량 미달"이라는 선전에 집중하면서 "광범한 반파시즘 운동을 추동하는 방법의 일환으로 모종의 민족주의와 애국주의를 불러내 부추기려 애썼다." 게다가 "'반나치'라는 구호는 영국에서 인종차별이 성장하며 생기는 문제를 폭력적이지만 별난 소수 네오파시스트의 문제일 뿐인 것으로 격하시켰다."[98] 이 비난은 여러 층위에서 논박할 수 있다. 우선, 반나치동맹의 선전은 나치들이 애국심이 부족하다는 것이 아니라 그들이 나치라는 사실, 즉 그들이 홀로코스트를 낳은 정치 이데올로기의 열성 지지자라는 사실을 주장하는 데 초점을 맞췄다. 반나치동맹이 일깨우고자 한 역사적 장면이 있었다면, 그것은 길로이의 주장과 달리, 1940년대 영국의 "황금기"가 아니라 아우슈비츠였다. 그래서 반나치동맹의 중심 구호는 "절대로 되풀이돼서는 안 된다!"였다.

동시에 반나치동맹은 인종차별에 대한 분석과 사회 변화 전략이 상이한 사회민주주의자와 혁명적 사회주의자의 공동전선을 기초로 했다. 반나치동맹을 지지한 노동당원들은 영국 민족주의를 대체로 받아들였고 이따금 나치가 애국심이 없다는 비판을 실제로 했다. 우리 사회주의노동자당은 결코 그러지 않았다. 우리 사회주의노동자당은 파시즘 반대 투쟁을 더 넓은 인종차별 문제와 떼어 내 분리하지도 않았다. 예를 들어, 1978년 5월 반나치동맹이 조직한 첫 문화제에서 사회주의노동자당이 발행한 소책자 《이민 통제에 반대하라》가 아주 많이 판매됐고, 사회주의노동자당 당원들은 반나치동맹 총회에서도 이민 통제에 반대하자고 분명하게 주장했다. 한 가지 쟁점을 놓고 협력할 태세가 돼 있는 다양한 정치 세력이 한데 뭉치는 것이 공동전선의 특징이고, 반나치동맹은 나치에 맞서 싸우는 것이 쟁점이었다. 이렇게 파시스트 문제에 집중하는 것이 인종차별에 맞서는 더 일반적인 투쟁에서 뒷걸음질 치는 것은 아니었다. 오히려 당시에는 파시스트 문제에 집중하는 것이 그런 투쟁을 수행하는 데 사활적으로 중요했다.

국민전선 등 나치 조직의 성장은 당연히, 영국 사회에 체계적으로 자리 잡혀 주류 정당들에게 이용되는 훨씬 더 뿌리 깊은 인종차별을 반영했다. 그러나 국민전선의 부상(1977년에 어느 평론가는 국민전선이 곧 자유당을 제치고 제3 정당이 되리라고 예측했다[99])을 저지하지 않았다면 인종차별의 수준이 질적으로 높아졌을 것이다. 그랬다면 나치가 여러 노동계급 지역에 똬리를 틀고 백인들에게서 대중적 지지를 이끌어내서 거리낌 없이 흑인을 공격하고 중앙정부와 지방정부에 훨씬 더 인종차별적인 정책을 펼치라고 요구할 수 있게 됐을지 모른다. 바로 프랑스에서 그런 동역학이 작동했다. 프랑스에서는 국가와 주요 자본주의 정당들의 공식적 인종차별이 나치에 의해 추동된 대중적 인종차별과 영향을 주고받으며 서로를 강화했다. 반나치동맹은 나치를 겨냥해 대중 동원을 조직함으로써, 그런 동역학이 작동하지 못하게 중도에 차단했고, 그럼으로써 인종차별의 수준이 더 높아지지 못하게 저지하는 데 일조했다.

이 주제에 관해서는 마지막으로 다커스 하우 얘기를 해야겠다. 다커스 하우는 영국에서 아주 잘 알려진 흑인 급진파 인사다. 하우는 '인종차별에 반대하는 로큰롤'과 반나치동맹의 창립자 중 한 명인 고故 데이비드 위저리에게 바치는 "아주 훌륭하고 감동적인 조사弔詞"를 낭독했다. 그 조사는 1992년 12월 사회주의노동자당이 조직한 위저리 추모 모임에서 발표됐는데, [사회주의 언론인] 폴 풋이 다음과 같이 보도했다.

> 다커스 하우는 영국에 와서 다섯 자녀를 두게 됐다고 말했다. 첫째 아이부터 넷째 아이까지는 도처에 깔린 인종차별과 끊임없이 싸우며 화가 많은 사람으로 자랐다. 다커스가 말하길, 막내는 "속 편한 흑인"으로 자랐다. 다커스는 막내가 누린 "자유"는 반나치동맹 덕분이라고, 그중에서도 데이비드 위저리 덕분이라고 했다. 이보다 나은 묘비명은 없을 것이다.[100]

10장
사회주의 혁명과 흑인 해방

1970년대 말에 영국에서 파시스트 세력을 물리쳤다고 해서 만족할 수는 없다. 인종차별이 자본주의 사회에 붙박이장처럼 존재하고 자본주의 체제의 위기가 인종차별이 부흥할 조건을 끊임없이 창출하기 때문이다. 그렇지만 1981년 이후 영국 사례와 프랑스 사례가 대조적이라는 사실에서 중요한 교훈을 배울 수 있다. 두 나라 경험의 차이는 프랑스의 극좌파(그중에는 결성된 지 오래되고 규모도 상당한 조직이 여럿 있다)가 영국의 반나치동맹 같은 파시즘 반대 운동을 건설하지 못한 것이 프랑스 국민전선의 성장에 주요 요인으로 작용했다는 사실을 알려 준다. 바로 여기서 혁명적 사회주의자가 인종차별에 대항하는 투쟁에서

하는 구실이 중요하다는 점을 알 수 있다. 혁명적 사회주의자들은 두 가지 층위에서 그런 일을 할 수 있다. 첫째, 혁명가들은 인종차별의 온갖 측면을 둘러싸고 벌어지는 전투에 참여해야 한다. 단지 (보통은 일차적으로 중요하지만) 나치에 대항하는 투쟁뿐 아니라 이민 규제 강화, 난민의 권리에 대한 공격, [이민자] 개인 강제 추방, 경찰 폭력, 인종차별적 공격에 반대하는 투쟁에도 참여해야 한다. 인종차별의 온갖 측면에 반대하는 투쟁에 적극 헌신하는 이런 활동 중에는 흑인들이 스스로 차별에 맞서 조직하고 거리 시위로 분노를 표출하고 인종차별적 국가에 대항하도록 돕는 활동도 있다.

그러나 인종차별에 맞서 잘 싸우려면 인종차별의 원인을 잘 이해해야 한다. 이는 백인 노동자들이 인종차별의 영향력에서 벗어나게 하려면 필수적인 일이다. 지금까지 살펴봤듯이, 인종차별이 백인 노동자들에게 호소력이 있는 이유는 그들이 현실에서 겪는 문제(빈곤, 실업, 착취)에 대한 가상의 해결책을 제공하기 때문이다. 그러므로 인종차별에 맞서는 투쟁은 사회적·경제적 쟁점을 둘러싼 선동과 연결돼야 한다. 그래야만 인종차별은 해법이 아니며 오직 계급투쟁만이 피부색과 출신 인종을 가리지 않고 모든 노동자를 단결시켜서 노동자의 삶을 개선할 효과적 방법을 제시한다는 것을 보여 줄 수 있다. 이런 전략이 통한 고전적 사례는 1930년대에 영국 공산당이 런던 이스트엔드* 지역에서 거둔 성공이다. 당시 공산당은 오즈월드 모즐리의 영국파시스트연합이 노동계급 안에 마련한 기반을 약화시켰다. 파시스트에 맞선 물리적 투쟁(무엇보다 1936년 10월 4일에 벌어진 위대한 케이블가街 전투**)도 벌이고 [노동자들의] 물질적 조건 문제(특히 집세)를 둘러싼 운동도 벌이면서 모즐리를 지지하던 노동자의 상당수를 돌려세웠다.[101] 그런데 이 모든 것은 인종차별(그리고 그와 연결된 온갖 빈곤과 곤경과 폭

---

* 이스트엔드 런던 동부의 가난한 지역.

** 케이블가 전투 영국파시스트연합이 이스트엔드의 유대인 밀집 거주지인 스테프니 지역을 가로질러 행진하려 하자 공산당이 대중 시위를 호소했고 10만~15만 명이 거리로 쏟아져 나와 케이블가에서 파시스트들을 저지했다.

력)이 자본주의 사회의 본질에서 비롯한다는 한 가지 사실을 밝게 보여 준다. 인종차별의 증상뿐 아니라 원인도 제거해야 한다.

그러므로 혁명적 사회주의자가 인종차별에 대항하는 투쟁에서 할 둘째 구실은, 인종차별을 완전히 뿌리뽑으려면 자본주의 체제를 타도해야 한다는 것을 이해하고 흑인·백인 노동자를 모두 포함하는 정당을 건설하는 데 매진하는 것이다. 이런 전략을 주장한다고 해서 흑인들에게 사회주의 혁명이 성공할 때까지 잠자코 기다리라고 말하는 것은 아니다. 앞에서 살펴봤듯이, 혁명가들은 인종차별에 대항해 매일매일 일어나는 전투에 최선을 다해 참여한다. 다만, 혁명가들은 인종차별의 뿌리가 자본주의라는 점, 자본주의는 노동계급(인종 차이를 극복하고 공통의 적에 맞서서 단결한 노동계급)의 힘으로만 타도할 수 있다는 점을 이해하면서 일상의 전투들에 참여한다. 혁명적 사회주의자들이 인종차별에 반대하는 것은 인종차별을 도덕적으로 용납할 수 없는 일로 보며 경멸할 뿐 아니라, 인종차별에 맞서지 않는 노동계급 운동은 자본주의를 타도할 수 없다고 보기 때문이다. 노동계급은 국제적인 계급이다. 자본주의는 전 세계로 뻗어 나가면서 전 세계에서 프롤레타리아를 창출했고, 국경을 가로지르는 어마어마한 규모의 이민을 만들어 냈다. 그 과정에서 생겨난 여러 노동자 집단들 사이의 인종적 장벽을 깨뜨리는 일은 사회주의 혁명이 성공하려면 꼭 필요한 조건이다.

그렇다고 해서 사회주의 혁명이 일어나기만 하면 인종차별이 쉽게 사라지리라고 말하는 것은 아니다. 마르크스는 사회주의 사회에 대해 다음과 같이 지적했다. "사회주의 사회는 자본주의 사회에서 생겨나므로 … 모든 면에서, 즉 경제적·도덕적·정신적 면에서 … 그 모체였던 낡은 사회의 흔적이 아직 남아 있을 것이다."[102] 사회주의 사회에는 인종차별 등 과거의 오물이 여전히 남아 있을 것이다. 그렇지만 사회주의 혁명은 인종차별에 치명타를 입힐 것이다. 두 가지 이유가 있다. 첫째, 앞에서 살펴봤듯이 노동계급은 우선 단결해야만 혁명을 일으킬 수 있다. 그러므로 혁명의 과정 자체가 인종에 따른 분열을 대폭 약화시킬 것이다.

둘째, 사회주의 사회가 탄생하면, 인종차별의 존재에 책임이 있는 자본주의의 물질적 구조가 크게 허물어질 것이다(그것도 사회주의 사회의 아주 초기 단계에조차 그럴 것이다). 그러므로 노동자 혁명은 인종차별이 단지 기억 속에만 존재하는 옛일로 차츰차츰 변해가는 과정의 시작일 것이다. 사회주의 혁명과 흑인 해방은 떼려야 뗄 수 없이 밀접하다.

이런 관점으로 보면, 세드릭 로빈슨 같은 흑인 급진파가 마르크스주의를 "유럽 중심적"이라고 비난하는 것이 왜 틀렸는지를 알 수 있다. 마르크스주의가 자본주의 생산양식의 발전된 형태인 산업자본주의의 출현에 반응해서 서유럽에서 생겨났다는 점은 사실이다. 마르크스 이론의 중심에 자리 잡고 있는 것은 산업자본주의의 출현이라는 전례 없는 현상에 대한 그의 분석이었다. 특히 《공산당 선언》과 《정치경제학 비판 요강》에서 마르크스는 자본주의의 보편화 구실, 즉 자본주의가 역사상 최초로 등장한 진정으로 국제적인 사회체제로 인류를 우격다짐으로 끌어들였다는 점을 강조했다. 마르크스는 이 과정이 수반한 끔찍한 고통,

특히 오늘날 '제3세계'라고 불리는 곳의 사람들이 겪은 고통을 분명하게 알았다. "[아메리카 — 지은이] 원주민을 죽이고 노예로 삼고 갱도에 묻어 버린 것, … 인도를 점령해서 약탈하기 시작한 것, 아프리카를 피부가 검은 사람들을 상업 목적으로 포획하는 사냥터로 바꿔 버린 것은 모두 자본주의 생산양식이 생겨나는 여명기에 나타난 특징이다."[103] 그러나 마르크스는 자본주의 세계 체제의 출현으로 그가 "인간 해방"이라고 말한 것을 가능케 할 조건이 생겨났다고 주장했다. 자본주의를 타도함으로써, 계급 착취와 함께 인류를 분열시키고 무력화하는 온갖 차별과 천대를 폐지할 토대를 닦는 혁명이 가능해졌다고 말이다. 그런 종합적 해방이 가능해진 이유는 자본주의가 보편적 계급이자 세계적 계급인 프롤레타리아에 의존하기 때문이다. 전 세계 사람들로 구성되는 프롤레타리아는 착취당하는 사람들의 공통 이해관계를 기초로 하는 국제 혁명을 통해서만 자신을 해방할 수 있다.

이런 인간 해방 개념은 혁명적 마르크스주의 전통의 정치를 특징짓는다. 그래서 예를 들어, 1917년 10월 러시아 혁명 직후에 결성된 공산주의인터내셔널(코민테른)은 [선진국] 산업 노동계급의 투쟁과 식민지 대중의 반제국주의 항쟁을 연결하는 진정으로 국제적인 운동을 건설하려 했고, 이는 사회주의 운동의 역사에서 최초의 일이었다. 레닌과 볼셰비키는 식민지 대중을 그들 자신의 해방의 주체로 여겼다. C L R 제임스는 바로 이와 같은 인간 해방의 전망에 이끌려 혁명적 사회주의 전통으로 나아갔다(그가 혁명적 사회주의 전통을 이해하는 방식이 독특했다는 말도 있지만, 그는 그 전통을 받아들인 뒤에 신념이 흔들린 적이 결코 없었다).[104] W E B 듀보이스 같은 흑인 급진파 지식인도 이와 같은 인간 해방의 전망에 이끌려 마르크스주의와 건설적 대화를 이어 갔다. 미국 공산당은 심지어 스탈린주의로 훼손된 버전의 인간 해방 전망을 가지고도 흑인 노동자와 백인 노동자의 계급적 단결을 끈질기게 방어하면서 1930년대에 [뉴욕] 할렘에서 상당한 기반을 마련할 수 있었(고 1935년 3월 폭동에 영향력을 상당히 끼칠 수 있었)다. 흑인 민족주의자들(특히 마커스 가비 지지자들)과 치열한 경쟁을 벌이는 와중에 말이다.[105]

아이티 혁명부터 로스앤젤레스 반란까지 이어지는 위대한 흑인 항쟁은 사회주의 운동과 흑인 해방 운동의 단결을 추구하는 혁명적 전통의 일부다. 인종차별에 맞서는 투쟁은 혁명적 사회주의 운동의 없어서는 안될 일부다. 그렇지만, 그와 꼭 마찬가지로 혁명적 사회주의 운동의 승리 없이는 인종차별 반대 투쟁은 최종 승리를 거둘 수 없다.

후주

1 A Hacker, *Two Nations*, New York 1993, p 3. 해커 책의 강점은 미국에서 흑인이 겪는 곤경을 보여 주는 실증적 증거를 방대하게 모았다는 것이다. 이것은 그의 책 본문과 말미에 실린 "보충 자료"에 수록됐다(pp 225~236). 해커 책에 대한 비판적 평가로는 D Roediger, "The Racial Crisis of American Liberalism", *New Left Review*, 196, 1992를 보라. 해커의 약점은 그의 책의 영국판이라고 할 책이 1972년과 1975년에 [친기업 싱크탱크인] 정치경제계획원이 수행한 연구 결과를 바탕으로 쓴 D Smith, *Racial Disadvantage in Britain*, Harmondsworth, 1977인 것과 관계있다.

2 '인종차별 감수성 훈련'을 강력하게 비판한 책으로는 A Sivanandan, *Communities of Resistance*, London 1990, ch 4를 보라.

3 이른바 '사회문화적 다원주의'의 초기 사례이자 영향력이 큰 책으로는 Dilip Hiro, *Black British White British*, rev edn, London 1992가 있다. 이 책의 초판은 1971년에 출간됐다.

4 마르크스주의 관점을 짧게 소개한 책으로는 A Callinicos, *The Fight against Racism*, London 1992를 보라.

5 이를 잘 보여 주는 사례가 《레이스 앤드 클래스》(인종과 계급)라는 잡지의 편집자이자 영국에서 영향력이 아주 강한 흑인 급진파인 시바난단이 "[자본주의가] 새 시대로 접어들었다"는 《마르크시즘 투데이》의 주장을 "터무니없는 소리"라고 멋지게 비판한 것이다. 《마르크시즘 투데이》는 포스트모더니즘에 투항하면서 사실상 최후를 맞았고 다행히 이제는 그런 주장을 듣지 않게 됐다. 시바난단의 비판은 *Communities*에 "All that Melts into Air is Solid"라는 글로 재수록됐다.

6 C Robinson, *Black Marxism*, London 1983, pp 2~3, 3~5.

7 같은 책, pp 451, 244. 이 책에는 다른 결함도 있다. 독자들이 이해하기 어려운 학술적 스타일로 쓰였다는 점인데, 이는 본문에서 언급한 "환상"과 관련 있는 것이 틀림없다. 로빈슨은 역사유물론을 비판할 때 여러 논자의 주장을 끌어다 쓴다. 장 보드리야르와 코르넬리우스 카스토리아디스 같은 이제는 마르크스주의자가 아니고 허세만 그득한 인물들, 슐로모 아비네리와 아이자이어 벌린처럼 마르크스주의에 반대하는 자유주의자들이 그들이다. 또 다른 흑인 급진파 지식인으로는 코넬 웨스트가 있는데, 그의 글은 로빈슨보다는 훨씬 낫다. 웨스트는 종교적 신념(그가 "그리스도교 예언자적 실용주의"라고 부른 것)에 대한 자신의 관심과 지지를 적어도 솔직하게 드러낸다. *The American Evasion of Philosophy*, London 1989, ch 6을 보라. 로버트 영은 *White Mythologies*, London 1990에서 마르크스주의가 유럽 중심적이라는 비판을 철학적으로 더 정교하게 펼친다.

8 Robinson, *Black Marxism*, p 82.

9 M Marable, *How Capitalism Underdeveloped Black America*, Boston 1983, p 260.

10 P Fryer, *Staying Power*, London 1984, pp 165~190.

11 S Rose et al, *Not in Our Genes*, Harmondsworth 1984, pp 126~127[국역: 《우리 유전자 안에 없다》, 한울, 2009].

12 Z Bauman, *Modernity and the Holocaust*, Cambridge 1991, pp 62~63, 65[국역: 《현대성과 홀로코스트》, 새물결, 2013].

13 F M Snowden Jnr, *Blacks in Antiquity*, Cambridge Mass 1970, pp 182~183.

14 특히 고졸기(기원전 800~500년, 기원전 5세기 초에 페르시아의 침공을 받기 이전 시기로 문명이 꽃피었던 고전기의 앞선 시기) 그리스가 아시아의 영향을 받았다는 증거는 사실 많다. 예를 들어 O Murray, *Archaic Greece*, London 1980을 보라. 버널 주장의 약점은 이집트와 페니키아가 당시 그리스의 제도와 개인들의 행위에 끼친 영향을 추적하는 데 골몰한다는 것이다. 예를 들어, 버널은 아프리카와 아시아에서 온 식민 당국자들이 특정 종교 집단이나 도시의 설립에서 한 구실, 그리스어에 남아 있는 이집트어와 페니키아어의 흔적을 쫓는다. 그 때문에 버널은 고전기 그리스 사회라는 총체의 독특한 성격을 놓치고 만다. 그 특징은 고전기 그리스 지배계급의 수입원이 노예노동이었고 그 정치제도가 시민으로 구성된 중장보병을 토대로 한 도시국가였다는 점이다. P Anderson, *Passages from Antiquity to Feudalism*, London 1974[국역: 《고대에서 봉건제로의 이행》, 현실문화, 2014], G E M de Ste Croix, *The Class Struggle in the Ancient Greek World*, London 1981, E M Wood, *Peasant-Citizen and Slave*, London 1988을 보라. 외부 세계와 경제적으로 접촉하고 외부 세계의 직접적 식민 통치와 문화적 영향을 받은 것이 고전기 그리스의 탄생에 기여했지만, 그래도 고전기 그

리스는 그에 앞서서 지중해 동부 지역에 존재했던 사회와는 다른 형태의 사회였다.

15 M Bernal, *Black Athena*, I, London 1991, pp 1~2[국역: 《블랙 아테나 1》, 소나무, 2006].

16 같은 책, p 1.

17 Herodotus, *The Histories*, Bk II[국역: 여러 판본이 있다].

18 A Momigliano, *Alien Wisdom*, Cambridge 1975, p 131.

19 J Herrin, *The Formation of Christendom*, Oxford 1987, p 8.

20 H Arendt, *The Origins of Totalitarianism*, London 1986, p 7[국역: 《전체주의의 기원》, 한길사, 2006].

21 Bauman, *Modernity*, p 35. 현대 이전 유럽 유대인의 지위를 둘러싼 갈등은 사실 그들의 독특한 경제적 지위와 밀접하게 관련돼 있었다. 바로 농업이 압도적이던 사회에서 상업의 주요 종사자인 경우가 흔했다는 것이다. A Leon, *The Jewish Question*, New York 1970, 특히 chs III과 IV를 보라.

22 Arendt, *Origins*, p 87.

23 Fryer, *Staying Power*, p 134.

24 D Hume, *Essays, Moral, Political, and Literary*, Indianapolis 1985, pp 629~630. 흄은 이 인용문에서 나타나는 인종차별적 태도를 최종 판에서는 약간 누그러뜨린다. 같은 책, p 208 n 10을 보라.

25 R Blackburn, *The Overthrow of Colonial Slavery 1776-1848*, London 1988, Introduction.

26 E Williams, *Capitalism and Slavery*, New York 1961, p 6[국역: 《자본주의와 노예제도》, 우물이있는집, 2014].

27 Blackburn, *Overthrow*, p 11.

28 B J Fields, "Slavery, Race and Ideology in the United States of America", *New Left Review*, 181, 1990, p 102.

29 같은 글, pp 102~103.

30 같은 글, p 105.

31 E M Wood, "Capitalism and Human Emancipation", *New Left Review*, 167, 1988, p 7.

32 Marx, *Capital*, I, Harmondsworth 1976, p 899와 *Capital*, III, Moscow 1971, pp 790~792[국역: 여러 판본이 있다].

33 Ibn Khaldûn, *The Muquaddimah*, 3 vols, New York 1958, I, pp 80~81[국역: 《역사서설》, 까치, 2003].

34 Marx, *Grundrisse*, Harmondsworth 1973, p 507[국역: 《정치경제학 비판 요강》 1~3, 그린비, 2007].

35 Marx, *Capital*, I, pp 279~280.

36 Fields, 'Slavery', p 114.

37 Fryer, *Staying Power*, p 134.

38 크리스토퍼 히친스는 키플링이 "제국의 시인"으로서 한 구실을 Chris Hitchens, *Blood, Class and Nostalgia*, London 1990, ch 3에서 흥미롭게 다룬다.

39 Fryer, *Staying Power*, p 190.

40 M Barker, *The New Racism*, London 1981. 예를 들어, P Gilroy, *There Ain't No Black in the Union Jack*, London 1987, ch 2도 보라.

41 이런 종류의 사상을 비판한 책으로는 Rose et al, *Not in Our Genes*을 보라.

42 충격적인 사례는 아프리카계 카리브해인에 대한 D 히로의 논의다. *Black British*, pp 22~25를 보라.

43 남아프리카공화국의 마르크스주의자 네빌 알렉산더는 민족성 개념에 대한 중요한 비판을 No Sizwe라는 필명으로 출간한 자신의 책 *One Azania One Nation*, London 1979에서 발전시켰다.

44 E J Hobsbawm, *The Age of Capital 1848-1875*, London 1977, p 228[국역: 《자본의 시대》, 한길사, 1998]. 일반적 논의로는 같은 책, ch 11도 보라.

45 S Castles and G Kosack, *Immigrant Workers and Class Structure in Western Europe*, London 1973을 보라.

46 J Rollo, "Immigrant Workers in Western Europe", II, *International Socialism*, 1:97, 1977을 보라.

47 Marx and Engels, *Selected Correspondence*, Moscow 1965, pp 236~237.

48 M Davis, *Prisoners of the American Dream*, London 1986, ch 1[국역: 《미국의 꿈에 갇힌 사람들》, 창비, 1994].

49 P Foner, *Organized Labor and the Black Worker 1619-1981*, New York 1981, ch 1. 경제적 경쟁과 인종적 분열의 관계

는 사실 더 복잡하다. 한편으로, 노동자 집단 사이에 경제적·민족적 차이가 있더라도 꼭 인종적 적대감이 전면적으로 강해지는 것은 아니다. 예를 들어, 미국에서는 흑인과 백인의 분열이 대체로 다른 갈등보다 더 중요하다. 다른 한편으로, 서로 다른 노동자 집단 사이의 경제적 갈등이 필수 요소가 아닐 수도 있다. 예를 들어, 로스앤젤레스 반란 때 한인 상인과 라틴아메리카계 빈민의 충돌을 생각해 보라.

50 W E B du Bois, *Black Reconstruction in America 1860-1880*, New York 1969, pp 700~701. 듀보이스의 설명은 오용될 가능성이 있다. 예를 들어, D Roediger, *The Wages of Whiteness*, London 1991와 폴 다마토의 비판적 서평 Paul D'Amato, "US Rulers Divided Both to Conquer Each", *Socialist Worker*, Chicago November 1991을 보라.

51 P Buhle, ed, *C L R James: His Life and Work*, London 1988, pp 153~163에 실린, C L R 제임스와 마틴 글레이버먼이 주고받은 서신을 보라.

52 Marx and Engels, *Collected Works*, London 1975-, III, p 175.

53 B Anderson, *Imagined Communities*, London 1983, pp 15~16[국역: 《상상된 공동체》, 길, 2018]. 그렇지만 앤더슨은 자신이 민족주의와 인종차별의 차이점이라고 여긴 것을 다음과 같이 강조한다. "사실, 민족주의는 역사적 운명의 언어로 사고하는 반면 인종차별은 영원한 오염을 꿈꾼다. 그 오염은 역사의 바깥에서 혐오스러운 교미의 끝없는 연속을 통해 시간의 근원으로부터 전달된다"(같은 책, p 136). 우리가 살펴봤듯이, 인종차별 이데올로기가 인종(최근에는 민족성)을 벗어날 수 없는 숙명으로 여긴다는 점은 진실이다. 그럼에도 앤더슨의 주장은 최근 수

십 년간 민족문화라는 사상이 이민 통제 강화 등을 정당화하는 주된 근거로 작동하는 방식을 간과한다. 예를 들어, 대처가 "다른 문화권 사람들에게 집어삼켜질까 봐" 걱정이 큰 사람들에게 호소한 악명 높은 사례를 생각해 보라. Gilroy, *Ain't No Black*, pp 44ff도 보라.

54 E J Hobsbawm, *The Age of Empire 1875-1914*, London 1987, chs 5 and 6[국역: 《제국의 시대》, 한길사, 1998》].

55 E O Wright et al, *Reconstructing Marxism*, London 1992, pp 63~67을 보라. 이 책은 앤서니 기든스 같은 사회학자들이 내놓는 사상을 비판할 때 유용하다. 기든스 같은 학자들은 인종차별이 "노동계급 분열이라는 결과(이간질해서 각개격파하기)"를 낳기 때문에 "자본주의에 이로운 효과"를 낸다는 설명은 "기능주의"의 일부로서 받아들일 수 없다고 주장한다.

56 Robinson, *Black Marxism*, p 451.

57 Gilroy, *Ain't No Black*, pp 23~24.

58 Sivanandan, *Communities*, p 52.

59 W E B du Bois, "The African Roots of War"(1915), in Robinson, *Black Marxism*, pp 334~335, n 72에 있는 인용문을 보라.

60 R Ramdin, *The Making of the Black Working Class in Britain*, Aldershot 1987, p 63.

61 예를 들어, T Cliff, "The Economic Roots of Reformism", in *Neither Washington Nor Moscow*, London 1982[국역: "개혁주의의 경제적 뿌리", 《마르크스21》 15호]를 보라.

62 M Kidron, "Black Reformism", in *Capitalism and Theory*, London 1974를 보라.

63 A Callinicos, "Marxism and Imperialism Today", *International Socialism*, 2:50, 1991, pp 19~25[국역: 《마르크스주의와 오늘날의 제국주의》, 노동자연대, 2017].

64 Sivanandan, *Communities*, p 181.

65 J Baskin, *Striking Back*, Johannesburg 1991을 보라.

66 A Szymanski, "Racial Discrimination and White Gain", *American Sociological Review*, 41, 1976, pp 409~412.

67 Sivanandan, *Communities*, p 29.

68 A Callinicos, *Against Postmodernism*, Cambridge 1989, ch 5[국역: 《포스트모더니즘: 마르크스주의의 비판》, 책갈피, 2014].

69 M Naylor and E Purdie, "Results of the 1991 Labour Force Survey", *Employment Gazette*, April 1992, Tables 6 and 9.

70 E O Wright, *Classes*, London 1985, Table 6.4, p 201[국역: 《계급론》, 한울, 2005]. 라이트의 계급론에 결함이 있으므로, 이 수치는 암시적인 것으로만 봐야 한다. 이 수치는 노동계급의 규모를 실제보다 줄여 봤을 것이 거의 확실하다. A Callinicos and C Harman, *The Changing Working Class*, London 1987, Appendix[국역: "에릭 올린 라이트의 책 《계급들》에 대한 논평", 《노동자 계급에게 안녕을 말할 때인가》, 책갈피, 2001]를 보라.

71 Hacker, *Two Nations*, pp 232, 103. 영국의 수치는 더 복잡하다. 최근 정부가 조사한 결과를 보면, 아프리카계 카리브해인 노동자의 39.2퍼센트, 백인 노동자의 34.2퍼센트, 인도계 노동자의

30.2퍼센트, 파키스탄계 노동자의 23.5퍼센트가 노동조합에 가입해 있다(*Financial Times*, 7 May 1993).

72 Sivanandan, *Communities*, pp 51~58.

73 Gilroy, *Ain't No Black*, p 247.

74 A Shawki, "Black Liberation and Socialism in the United States", *International Socialism*, 2:47, 1990와 K Ovenden, *Malcolm X: Socialism and Black Nationalism*, London 1992를 보라.

75 S Smith, "Twilight of the American Dream", *International Socialism*, 2:54, 1992, pp 20, 22에서 인용.

76 *Forging a Black Community: Asian and Afro-Caribbean Struggles in Newham*, London 1991, p 47.

77 M Davis, "The Rebellion that Rocked a Superpower", *Socialist Review*, June 1992, p 8.

78 이 장의 내용은 다음의 문헌들을 많이 참고했다. Davis, "Rebellion", *Socialist Worker*, Chicago May and June 1992, D Hazen, ed, *Inside the LA Riots*, New York 1992 (이하 *ILAR*), 그리고 A Callinicos, "The Meaning of the Los Angeles Riots", *Economic and Political Weekly*, 25 July 1992.

79 M Davis, *City of Quartz*, London 1990, ch 5.

80 L Rodriguez, "Deciphering LA Smoke Signals", in *ILAR*, p 82.

81 *Socialist Worker*, Chicago May 1992에서 인용.

82 M Davis, "Burning All Illusions in LA", in *ILAR*, p 97.

83 K Phillips, *The Politics of Rich and Poor*, New York 1991과 Smith, "Twilight"을 보라.

84 P Kwong, "The First Multicultural Riots", in *ILAR*, p 88.

85 같은 글, pp 90~91.

86 M Davis, "Who Killed LA?", Isaac Deutscher Memorial Lecturer, London School of Economics, 29 April 1993.

87 Davis, "Burning", p 99.

88 M Marable, "LA Point of View", in *ILAR*, p 82.

89 L Sustar, "The Fire Last Time", *Socialist Worker*, Chicago May 1992.

90 C Harman, "The Summer of 1981: A Post-Riot Analysis", *International Socialism*, 2:14 1981, p 14.

91 Hiro, *Black British*, p 90.

92 Fryer, *Staying Power*, pp 203~246.

93 E Foner, *Reconstruction* , New York 1988, 특히 ch 7과 L Sustar, "Racism and Class Struggle in the American Civil War Era", *International Socialism*, 2:55 1992를 보라.

94 Foner, *Organized Labor*, pp 50, 66. 일반적 상황을 알려면 같은 책, chs 4~6을 보라.

95 *Forging a Black Community*, pp 12, 28, 31, 41.

96 같은 책, p 32.

97 같은 책, pp 1, 48.

98 Gilroy, *Ain't No Black*, pp 131, 133.

99 M Walker, *The National Front*, London 1977.

100 P Foot, "David Widgery", *New Left Review*, 196 1992, p 122. 더 일반적 상황을 알려면 C Bambery, *Killing the Nazi Menace*, London 1992를 보라. 나치를 근절한 것은 반나치동맹의 활동 덕분이 아니라, 마거릿 대처가 나치의 옷을 훔쳐 입고 "다른 문화권 사람들에게 집어삼켜질까 봐" 두려움이 큰 백인을 획득한 결과라는 주장이 심심찮게 들린다. 이런 주장은 특히나 부적절하다. 일례로, 보수당은 1979년 이후로, 특히 1981년 소요 사태 이후로 흑인에게 전면적 공세를 취하는 데서 비교적 조심스러웠다(1990년대에 들어와서야 보수당이 인종과 이민 쟁점을 만만찮게 이용하고 싶어 한다는 조짐이 보였다). 아무튼, 본문에서 논의한 프랑스 사례가 보여 주듯이, 공식적 인종차별은 파시스트의 기를 살리고 파시스트 사상에 정당성을 부여해 그들을 강화하는 경향이 있다. 그것이 1960년대와 1970년대 영국에서 나타난 패턴이었다. 폴 풋의 고전적 저서인 Paul Foot, *Immigration and Race in British Politics*, Harmondsworth 1965을 보라.

101 P Piratin, *Our Flag Stays Red*, London 1978, ch 3.

102 Marx and Engels, *Collected Works*, 1975-, XXIV, p 85.

103 Marx, *Capital*, I, p 915.

104 A Callinicos, *Trotskyism*, Milton Keynes 1990, pp 61~66과 Shawki, "Black Liberation", pp 58~68을 보라.

105 M Naison, *Communists in Harlem during the Depression*, New York 1983, 특히 Part I.

찾아보기